희망구현 **구희현** 대담집

하하하 교육

하하하 교육

희망구현
구 희 현
대 담 집

써네스트

침묵하는 사람의 목소리에 귀 기울일 때

김진경 _ 국가교육회의 위원, 시인

요즈음 언론이나 사이버 상에서 어린이집과 유치원 영어교육 금지 여부, 대학입시에서 수능 강화와 수시비중 확대 여부를 놓고 말들이 많다. 온라인이든 오프라인이든 다루어지는 교육문제 양상으로만 보면 예나 지금이나 우리 교육 문제의 양상은 별 다름이 없어 보인다. 그런데 시간이 갈수록 그런 류의 기사들을 보며 점점 더 허망한 느낌이 든다. 대학입시가 바뀌고 영어교육이 바뀌면 정말 교육이 바뀔까? 마음 한 구석에서 저게 지금 우리 교육의 가장 심각한 문제일까 하는 의문이 고개를 드는 것이다.

교육현장에서 느끼는 교육문제의 양상은 언론에서 떠드는 교육문제의 양상과는 참 거리가 멀다. 고등학교는 학교에 오기 전에 이미 인생이 다 무너져서 자기 삶에 아무 의욕 없이 엎드려 자거나 멍하니 입 벌리고 있는 아이들이 과반을 넘은지 이미 오래이다. 영어 조기 교육이나 대입제도가 문제되는 아이들은 아직도 눈 반짝이며 수업을 듣고 있는 소수의 10%정도 아이들의 문제일 것이다. 사회적으로는 이상하게도 소수의 아이들이 겪는 문제만이 교육문제의 전부인 것처럼 부각된다. 그리고 대다수 아이들이 겪고 있는 정체성과 삶에의 의욕 부재는 교육문제로 떠오르지도 않는다. 하지만 이제는 정말 교육현장에 어떤 일들이 일어나고 있는지, 무엇이 정말 해결해야할 교육문제인지 관심을 가져야 할 때이다.

진짜 아픈 아이들은 아무 말도 못한다. 참혹한 것에는 입이 없다. 제도나 정책의 가장 큰 피해자들은 사회적 약자이기 때문에 사회적 발언력이 약하다. 그래서 이른바 정책을 다루는 전문가들의 귀에 그들의 목소리는 들릴 수가 없다. 정책 전문가들의 귀에 들리는 것은 자신과 비슷하거나 그 이상으로 사회적 강자인 사람들의 목소리뿐이다. 그래서 기울어진 마당은 나날이 더욱 기울어지고 여론이라는 장막에 가려진 심각한 문제들은 그 장막의 그늘에서 점점 더 썩어 들어간다.

그러나 장막의 그늘 속에 가려진 다수의 소리가 들리지 않는다고 안심하지 마시기 바란다. 그들은 어쩌면 가장 무서운 침묵의 저항을 하고 있는 것인지도 모른다. 일자리를 찾지 못한 청년들은 결혼을 포기하고 아주 아주 조용히 아이를 낳지 않는 것으로 암울한 현실에 대해 대답한다. 이러한 우리의 참혹한 현실을 어느 외국학자는 한국 사회가 집단자살의 사회가 되어가고 있다고 했다. 지금과 같은 낮은 출산율이 지속되면 그리 멀지 않은 시기에 한국사회가는 지구상에서 사라진다. 아무리 우리사회의 강자라 하더라도 이 집단자살로부터 자유로울 수 없을 것이다.

이제 우리는 더 늦기 전에 침묵하는 사람의 목소리를 들어야 한다. 말을 못하는 사람의 목소리에 귀 기울여야 한다.

구희현은 30여 년 동안 교육현장에서 입이 없는 참혹한 것의 목소리를 듣고 그에 부응하는 실천으로 일관해 온 사람이다. 하하하 교육을 통해 그의 이야기를 경청해 보자.

강남훈 _ 한신대학교 경제학과 교수

구희현 선생님께서 책을 출판하시기로 하셨다는 소식을 듣고 너무나 반가웠습니다. 구희현 선생님은 아이들을 가르치시며 교육 혁신과 민주주의 발전을 위해서 평생을 바치신 스승입니다. 수원 법원 앞의 교권 탄압 항의 집회에서, 경기교육청의 무상급식 회의에서, 광화문의 촛불 광장에서, 우리가 힘들 때 그가 늘 옆에 있으면 든든했습니다. 중심을 잡아주면서 한 결같이 함께 있어주는 사람이 구희현이었습니다.

우리 교육이 안고 있는 문제들은 일일이 나열하기도 힘듭니다. 아이들은 행복하지 못합니다. 성적 서열 경쟁에 놀 시간도 쉴 시간도 잘 시간도 없습니다. 공교육보다는 사교육을 중요하게 여기고 자기주도 학습 능력은 저하되었습니다. 한국 아이들의 자살률은 1등입니다. 이라크, 시리아 같이 전쟁을 하는 나라를 제외하고는 세계에서 가장 불행합니다.

교사도 즐겁지 못합니다. 아이들은 수업시간에 잠을 잡니다. 자율적으로 수업을 만들려고 해도 학생들과 학부모들이 싫어합니다. 뒤쳐진 아이들을 신경 쓰려고 해도 잡무가 너무 많습니다. 학교는 아직도 권위적으로 운영됩니다. 교사들은 노동 3권을 부정당하고 있습니다.

부모도 안심할 수 없습니다. 학교에서 성적 서열이 떨어지는 것이 가장 두렵습니다. 교사에게 잘못 보일까봐 신경도 써야 합니다. 폭력과 상스러운 말을 배울까봐 겁납니다. 따돌림을 당할까봐 아니면 따돌림을 시킬까봐 걱정입니다. 아이가 학교에서 돌아오면 전쟁터에서 나갔던 자식이 살아 돌아온 느낌입니다.

청년들도 희망이 없습니다. 어렸을 적 꿈은 건물주가 되거나 공무원이 되는 것이었습니다. 그러나 평생 월급을 모아도 30평 아파트 사는 것이 불가능합니다. 공무원 시험은 경쟁률이 100대 1이 넘습니다. 초등학교 6학년 때에는 고졸이었던 아버지도 정규직이어서 당당하게 살았는데, 군대 갔다 와서 대학까지 졸업하고 나니 정규직 일자리가 없어서 결혼도 못할 형편입니다.

그러나 마냥 좌절할 수만은 없습니다. 현장에서부터 꼼꼼히 문제점을 파악하고 헝클어진 실타래를 어디서부터 풀어야 할지 우리 모두 함께 고민해야 합니다. 이러한 의미에서 무상급식과 혁신학교 운동에 헌신해 오신 구희현 선생님께서 누구보다 먼저 학생, 교사, 청년, 학부모들과 함께 나눈 생생한 현장의 이야기는 교육으로 무너진 나라를 교육으로 바로 세우는 의미 있는 시작이 될 것으로 확신합니다.

교육으로 나라를 바로 세우기 위해 평생을 노력해 오셨고, 존경받는 스승이자 오랜 동지이신 구희현 선생님의 책이 아이들에게 행복을, 교사에게 즐거움을, 부모에게 안심을, 청년에게 희망을 주는 기쁜 소식이 될 것을 믿어 의심치 않습니다.

희망 구현 **구희현** 교육이야기

'하하하 교육'을 열어가며

이 책은 교육주체들과 진솔하고 소박한 이야기를 담은 책입니다.

30여 년동안 교육현장에서 많은 학생과 선생님들을 만나면서 참교육의 길에서 벗어나지 않으려고 노력하였습니다. 교육 현장의 중심 가치는 제가 살아온 삶과 교육에 대한 진실성과 진정성의 바탕입니다. 저는 이 책 속에 다양한 분들과 이야기 하면서 교육현장에서 느낀 교육문제를 풀어 나가려고 하였습니다. 교육자로서 학생을 사랑으로 가르치고, 학부모와 소통하고 공감하려고 노력하였습니다. 많은 선생님들과 시의회, 시민사회 교육단체들과 교육문제에 공감하며 해결책을 토론하기도 했습니다. 많은 사람들이 이 책을 읽고 '하하하 교육'을 함께 열어 나가길 소망합니다.

이 책 첫 장 "학생이 행복해서 하하하"에서는 두 명의 고1 학생의 꿈과 고민을 들어주면서 교육 현장의 아이들의 고민에 다가갑니다. 학생 스스로 질문을 만들고 그 자리에서 답하는 '즉문즉설'의 형태로 진행 했습니다. 두 학생의 솔직하고 친근함에 매료되어 시간 가는 줄 몰랐습니다. 이야기 나누는 동안 제 생각은 어른들이 아이들 꿈을 길러준다고 하면서 많은 것을 해주지만 '오히려 가로막고 있지는 않는가'란 생각과 '아이들 스스로 꿈을 찾아가는 길을 열어주자'란 다짐이었습니다.

이 책 두 번째 장 "교사가 즐거워서 하하하"는 선생님들과의 만남이라서 그런지 마음이 정말 편했고 대화가 즐거웠습니다. 교육 동반자란 동료의식은 저를 즐겁게 해주었습니다. 교사는 가르치는 사람입니다. 그런데 행정적인 업무로 가르치는 것을 소홀히 하는 교육현장 풍토는 하루빨리 개선되어야 합니다. 교사의 업무경감은 아이들에게 선생님을 돌려주는 지름길입니다. 학교 현장의 민주화와 교권확립의 절실함을 새롭게 다지는 시간이었습니다.

이 책의 셋째 만남인 "부모가 안심해서 하하하"는 학부모와의 만남입니다. 교육주체이지만 교육현장에서 많이 소외된 분들이 학부모입니다. 정말 부모님들을 안심시킬 수 있는 공교육의 신뢰성 회복의 길이 얼마나 어렵고 먼 길인가를 절실하게 느낄 수 있는 시간이었습니다. '학교는 왜 존재해야 하는가'란 원론적 질문부터 다가올 4차 산업혁명 시대와 학생이 즐거운 학교를 만드는 문제, 우수교사확보 문제 등으로 저를 더 성찰하게 하였습니다. '교육혁신을 위해 할 일이 많구나' 하는 것을 느꼈습니다. 학부모의 입장에서 학생의 입장에서 '역지사지'로 더 많이 생각해야겠다고 느꼈습니다.

넷째 만남은 "청년이 우뚝서서 하하하"로 지역 청년들과의 의미 있는 만남이었습니다. 교육과 사회전반에 대해 조리 있고 예리하게 질문을 하는 두 청년과 유쾌하고 희망찬 만남이었습니다. 세월호, 유기농과 건강한 먹을거리, 친환경 에너지와 친환경급식은 제가 생각했던 주요관심분야라서 할 말을 많게 했고, 많은 공감을 받았습니다. 청년실업, 각자도생, 3포 세대, 일자리 복지, 개인주의 등의 참담한 현실 속에서도 청년들의 희망을 잃지 않는 기백과 고동소리를 듣게 되었습니다.

다섯 째 만남은 "모두 함께 하하하"로 416 교육연구소 연구원들 및 연구소장과 허심탄회하고 깊이 있는 대화였습니다. 교육혁명 12대 과제와 교육현안과 교육쟁점에 대한 대화는 416교육연구소의 설립 목적과 미래 사회에 대한 우리교육의 청사진입니다.

끝으로 저를 아껴주시고 여기에 있기까지 함께 해준 많은 분들에게 고마움을 드립니다. 매주 인문학강좌의 사회를 보며 촬영에 416TV까지 관리하시는 박인식 감독, 교육직접민주주의 플랫폼 http://416edu.com을 기획 제작하고 관리해 주신 이원석 대표, 언제나 조언을 아끼지 않으시는 국가교육회의 김진경 선생님, 혁신더하기연구소의 강남훈 교수, 김윤자 교수, 안현효 교수, 김세현 사무총장과 연구소 식구들, 그리고 나의 영원한 교육동지 김상곤 교육부총리에게도 고마움의 마음을 전합니다. 끝으로 사랑하는 아내와 사교육 한 번도 안 보낸 자랑스러운 아들과 딸에게 그리고 15년을 같이 살아온 누렁이에게도 "사랑한다"는 그 말을 꼭 전하고 싶습니다.

언젠가 먼 훗날 저는 벗들과 2018년을 아름답게 기억할 것입니다. 30년 제 교직 생활의 처음과 마지막을 함께 해준 아이들을 기억할 것입니다. 제 청춘의 삶의 좌표를 일깨워 준 80년 5월의 벗들을 기억하며 살아남은 자의 순례를 이야기할 것입니다. 제 양심과 민주주의자로의 삶을 일깨워 준 1987년 거리의 청춘들을 기억할 것입니다. 교사로서가 아니라 참교육을 위해 스스로를 희생할 줄 알아야 된다는 참교육의 함성, 1989년 5월의 햇살로 다가오는 참교육의 동지들을 기억 할 것입니다. 내 스승과 동료이자 선배이자 후배이자 제자인 모든 선생님들을 기억할 것입니다. 전교조 경기지부 네 번의 지부장을 견디게 해준 동지들을 기억할 것입니다. 이윽고 2014년 4월 16일의 참담했던 그 날을 기억할 것입니다. '가만있으라' 교육은 이제 그만-하하하 교육혁명"을 외치며 성찰하며 매주 걷던 분향소 길을 잊지 않을 것입니다. 기억할 것입니다. 그리고 새날을 기억할 것입니다. 민주주의를 위해 깨어있는 모든 이를 기억할 것입니다.

그리고 새롭게 떠오를 '하하하 교육' 준엄한 햇귀를 기억할 것입니다. 1,300만 경기 교육가족의 밝은 웃음을 기억할 것입니다.

2018년 2월
4.16교육연구소 이사장 **구희현**

CONTENTS

Part 01 학생이 행복해서 하하하

1 건강한 미래 사회를 위한 교육을 만들어야…

2 교육주체가 스스로 결정할 수 있게 해야 한다

3 오늘을 변화시키려면 합의를 끌어내라

Part 02 교사가 즐거워서 하하하

Part 03 부모가 안심해서 하하하

Part 04 청년이 우뚝서서 하하하

☐ Part 05 모두 함께 하하하

Part 01

학생이
행복해서
하하하

• 대담자 | **문성환, 김다해**
구희현

건강한 미래 사회를 위한
교육을 만들어야···

대담자 | **문성환, 구희현**

문성환

기자가 되기를 꿈꾸고 있다. 사회문제와 교육문제에 관심이 많으며 영어를 잘한다.
한국디지털미디어고등학교 디지털콘텐츠학과 학생이다.

 안녕하세요. 문성환이라고 합니다.

 반갑습니다. 저도 경기 모바일과학교등학교에서 '기업과 경영'을
가르치고 있어요. 오늘은 그저 선생님과 상담하거나 질문한다는
생각으로 편하게 하면 좋겠습니다.

 네,(웃음) 저는 한국 디지털 미디어 고등학교 1학년이고, 디지털 콘
텐츠과에 다니고 있습니다. 꿈은 언론인입니다.

그렇군요. 언론인을 꿈꾸게 된 이유를 알고 싶은데….

 어느 순간부터 뉴스를 좀 재밌게 보게 된 거 같아요. 그리고 거기서 벌어지는 뉴스나 저널리스트가 다루는 일련의 사건들을 보면서 뭔가, 저건 안 하면 안 될 것 같다 라는 느낌을 받았어요.

 흔히들 어른들이 언론을 이야기 할 때 '제4부(第四府)'라 하곤 합니다. 행정, 입법, 사법부와 함께 또 하나의 권력기관이란 의미로 언론을 말하는 것입니다. 저는 민주주의를 성장시키고 지켜내는 가장 중요한 기능이 바로 언론이라고 생각합니다. 언론인을 꿈꾼다고 하니 이미 다 알고 있는 말이겠지만 덧붙이고 싶은 말이 있습니다. 바로 언론이 취해야 할 가장 바른 길 '정론직필(正論直筆)'. 정론(正論)이란 바른 언론으로서, 직필(直筆). 그 어떤 것에도 구애됨이 없이 사실 그대로를 적는 것이 언론의 길이란 말입니다. 꼭 후에 멋진 저널리스트가 된 모습을 보고 싶습니다. 미래의 저널리스트를 이렇게 만나게 돼서 영광입니다.(웃음)

입시가 교육을 지배한다?

 감사합니다. 열심히 해보겠습니다. (웃음) 그래서 제가 드리고 싶은 질문은 사실 조금 추상적인 이야기가 될 수도 있지만 '가치'에 대한 이야기인데요. 저도 그렇고 지금 많은 학생들이 '입시전쟁'

을 치르고 있잖아요. 누군가를 누르고 대학에 들어가서 기득권에 속하기 위한 것이 결국은 입시인데, 또 미디어나 사회는 성적이 다가 아니라는 식의 얘기를 하잖아요. 그런 걸 보면서 교육 분위기와 사회분위기 자체가 뭔가 서로 모순이 있다는 걸 좀 느꼈어요. 그럼에도 불구하고 입시경쟁은 점점 더 치열해지는 상황이 사실 저희는 많이 혼란스러워요.

 그렇죠. '행복은 성적순이 아니다' 모두 그렇게 말을 하죠. 나는 그동안 어른들의 잣대로 봤던 기존의 가치관들을, 지금 한창 새로운 시대를 느끼면서 성장하고 있는 우리 학생들에게 오히려 배워야 한다는 마음으로 지금 이 자리를 마련한 것인데, 새로운 시대를 살아가야 할 우리 학생들은 지금 혼란 속에서 힘겨운 싸움을 하고 있다고 생각해요. 지금 우리의 사회나 학교를 보면 입시가 모든 교육을 지배하고 있는 거나 다름없습니다. 살인적인 입시 경쟁, 경쟁 위주의 사회, 서열을 가르는 사회의 이런 잘못된 부분들을 어떻게 극복하고 타파하는 가가 바로 미래 시대를 위한 우리의 마지막 몸부림이 되어야 한다고 생각합니다.

교육이라는 것은 여러 측면이 있겠지만 원론적으로 말하자면 사실 교육으로 사회 구성원들의 잠재적인 능력을 온전하게 개발시켜서 전인적 발달을 할 수 있도록, 그렇게 해서 더불어 행복하게 살게 하는 것이 교육의 목적이라고 생각합니다. 그러나 오늘의 현실을 보면 퇴색되었다고 할까. 그 소중한 가치 자체가 변질된 것 같은 상황입니다.

교육이 계층 사다리의 역할을 해서, 소수자에게 권력을 갖게 하고 그렇지 못한 다수의 패배자와 포기자를 양산해 약육강식의 세계로 몰아넣는 역할을 하고 있는 이런 교육은 정말 잘못되었다고 생각합니다. 지금의 우리 교육은 혁신을 넘어서 혁명이 필요합니다! 그래서 나는 끊임없이 연구하고 교육운동도 하고, 학교에서 학생들을 대할 때도 그런 의지로 대해야 한다는 생각을 갖고 있습니다.

그렇군요. 그럼 어떤 일부터 이루어져야 할까요?

건강한 미래 사회를 위한
욕심을 내려놓은 '사회적 합의'

일단은 교사로서, 어른으로서 고민하는 것은 현재 가장 문제가 되고 있는 입시 위주의 경쟁교육인데 그 정점이 나는 대학의 서열화라고 생각해요. 학벌사회를 만들어가는 대학서열화. 또 그 안에서도 좋은 학과를 가야만 좋은 직장에 취직할 수 있는 학과의 서열 같은 것이 우리 사회 깊숙이 총체적으로 문제를 안고 있다는 겁니다. 그래서 이런 부분들을 해결할 방법은 무엇인가? 쉬지 않고 고민하고 있습니다만 정말 쉽지 않은 문제입니다. 더 나은 삶에 대한 욕망이 우리 모두에게는 있기 때문이죠. 지금의 이런 사회 방식으로 이미 권력을 가진 기득권의 욕망, 결국 계급의 재생산을 원하는 그 욕망이 깔려 있는 상태에서, 학부모의 욕망, 학생들의 욕망이 얽혀 있죠.

특히 이제는 4차 산업혁명 시대라고 할 수 있잖습니까? 그러면 그러한 형태의 자본이 요구하는 인력들이 필요할 테고, 그 이익에 배치되는 사람들은 걸러내어지고 도태되겠죠. 이런 부분들을 해결하려면 지금의 얽힌 교육 문제를 풀고, 모두가 본인 개개의 역할을 하는 건강한 사회로 가려면 무엇보다 '사회적 합의'가 필요한 겁니다. 나는 어른들에게 이렇게 말합니다. 이제는 탐욕에서 그만 벗어나서, 어른들이 양보해야 한다고. 어른들이 자기의 기득권이나 먹거리, 탐욕에 대해서 좀 내려놓아야 된다는 게 내 솔직한 마음이지요.

좀 투박한 이야기로 들릴지 몰라도 이것은 학술론 만으로는 해결할 방법이 없는 문제라고 생각해요. '사회적 합의'를 위한 소통의 방법은 그냥 있는 그대로 솔직하게 얘기하는 것, 그럴싸한 '교언영색(巧言令色)'이 아니라 그냥 투박하게 있는 그대로를 가지고 소통을 해야합니다.

올바른 가치관,
교육이 바로 잡아야 한다

말씀 들으면서 제가 문득 생각나는 게 있는데, 우리는 때로 정치인 욕을 한다고 할까, 비난을 많이 하잖아요. 젊은 세대도 그렇고, 계층에 상관없이 누구나 정치인, 제도, 사회 구조상의 어떤 모순들에 대해 쉽사리 비난을 하곤 하는데, 사실은 그 속에서 우리는 결국 그 시스템을 이용하고 있다는 생각이 들어요. 교육자들을 비판하면서도 저희는 수능을 준비하고, 누군가를 누르고 1등급이 되어야 하고, 사회는 그렇다 해도 나는 그와는 '별개'다 라고 생각하고 있는 건 아닌가. 결국 그저 비난할 대상을 정치나 제도로 몰아가고 있는 것은 아닌가 하는….

이제 고1인데.(웃음) 이런 얘기가 있습니다. 보통 독재정부에서는 그 밑에 대리인을 가장 못생기고 악랄한 사람을 둬서 그를 공격하도록 만들었다고 합니다. 쌓인 불만을 거기에 풀 수 있도록 말입니다. 정치인이나 제도를 비판하면서 어찌 보면 대리만족을 하는 부분으로도 볼 수 있지만, 결국 자기가 살기 위한 하나의 '기술'로서 정치인이나 시스템을 공격하는 것일 수도 있습니다.

우리 선생님들 중에서 많은 분들이 교육운동, 교육개혁을 위해 열심히 일하시고 있지만, 몇몇 모순을 가진 분들에 대한 비난의 시선도 있습니다. 조금 과장해서 얘기하자면 예를 들어 교육운동하는 사람들이 자신은 교육 평등을 주장하고 입시에서 벗어나게 하려 사교육을 반대하면서, 자기 자식은 사교육을 시키고, 또 특권 교육을 받게 하려 자사고, 특목고를 보내고, 해외유학 보내고 한다 이 말입니다. 물론 다수가 그렇다는 건 아니지만 이런 모순이 실재하고 있다는 것도 부정할 수는 없습니다. 이것은 분명 잘못된 것입니다.

그렇기에 올바른 가치관, 이 부분을 교육이 바로 잡아야 하는 겁니다. 지금 현재 입시교육, 문제풀이, 반복풀이 같은 암기 위주의 교육 속에서 창의력이 어디 있겠으며, 민주주의 시민교육으로서 받을 수 있는 연대의식 같은 것이 있을 수 있겠는가 말입니다. 다 자기중심적인데.

결국 다 경쟁의식 때문이죠.

 학생들 사이에서는 서로 노트도 안 빌려 준다고 하더군요. 결국 이런 상황이라면 사람들이 파편(破片)화 되어가고 맙니다. 아리스토텔레스는 사람을 사회적 동물이라고 했습니다.

 사회적 동물이죠.

 사람은 사회적 동물이니 모여 살아야 하죠, 모여 사는 데서 순기능적 역할을 하려면 함께 양보도 하고 협력하고, 또 약한 사람 끌어주기도 하고 이렇게 해야 사회가 돌아가는 겁니다. 그런데 그런 부분의 시스템이 전혀 안되고 교육이 오직 능력이라는 이름으로, 평가를 통해 서열을 나눠서, 시험에 합격한 사람은 능력자, 시험에 떨어진 사람은 패배자. 이런 방식으로 위에서부터 인간을 나누어 버립니다. 진짜 안타까운 일입니다.

'다니고 싶은 학교'란
결국 'SKY'의 도구?

 최근에 '요즘 다니고 싶은 학교, 가고 싶은 학교 만들기' 같은 것이 모토잖아요. 그래서 한 고등학교 친구에게 다니고 싶은 학교가 뭐냐고 물었더니 'SKY' 라고 말하는 거예요. 그게 그러니까 내가 지금 '다니고 싶은 학교'를 만든다는 것이 결국 SKY를 가기 위한 것이 되어버린 거잖아요. 원래의 의미가 퇴색된 거 같아요. 결국 지금의 고등학교는 대학 진학을 위한 도구로 전락해 버린 것 같아요. 우린 결국 입시란 목표를 위해서 마라톤을 그저 감정 없이 달리고만 있는 기분이랄까요.

교육 불평등이
젊은이들을 병들게 하고 있다

 '감정 없는 마라톤'이라는 말을 들으니 마음이 무거워 집니다. 원래 태어날 때부터 다 다른데, 달리기만 보더라도 100미터를 잘 달리는 사람이 있고, 폐활량과 지구력이 좋아서 장거리를 잘 달리는 사람이 있는 것인데 말입니다. 그런 부분을 인정하는 것을 우리는 다양성이라고 하죠. 그리고 그 개성을 존중하는 삶이어야 하는데 지금 우리나라의 획일화된 문화가 너무 깊게 배어든 건 아닌가 하는 생각이 듭니다.

사실 고등학교만 대학을 가기 위한 입시 정거장이나 준비양성소가 아닙니다. 대학도 마찬가지예요. 대학도 취업을 위한 준비양성소나 다름없습니다. 대학만 들어가면 학생들이 스펙 쌓느라 정신이 없죠. 부모의 경제적 뒷받침이 있는 학생들은 아르바이트 하지 않고 취직준비를 하니까 더 공부할 수 있는데, 자기가 벌어서 하는 학생들은 공부할 시간이 부족하니 공정하지 못하다고 생각합니다. 나라의 동량(東良)이 될 사람들을 병들게 만드는 그 출발점이 바로 교육 불평등입니다. 그게 사회 불평등으로 이어지는 것이고. 다시 말하자면 스스로 성장하게 하는 희망의 사다리가 되어야 할 교육은 사라지고, 교육이 만든 그 계층 사다리를 소수만 올라가고 다수를 희망도 없는 낙오자로 만드는 상황이 된 이 현실이 안타까운 겁니다.

사교육의 불편한 진실

그런데 사교육 관련해서는 저도 할 말이 좀 많아요. 사교육이란게 사람들에게는 뭔가 기득권층의 전유물 같은 느낌이잖아요. 저희끼리 우스갯소리로 하는 말은 강남 아이들이 머리가 안 좋아서 학원을 다니는 것도 아니고, 사실 그 학원의 효과라는 것이 너무 좋기 때문이라고 해요. 지금 제 생각은 교육상품 가치로서만 보자면 공교육보다 사교육 가치가, 물론 비용을 고려하지 않는다면, 훨씬 더 높다고 생각이 되거든요. 좀 과격하게 말하자면 저는 사실 공교육이 지금 망했다고 봐요. 이건 저 말고도 많은 친구들도 그런 생각이구요.
그래서 저희끼리 이야기 할 때 사교육보다는 공교육에 계시는 선생님들이 공부도 더 많이 하셨는데 그럼에도 불구하고 왜 교육현장에서는 사교육만큼 못 따라 갈까 하는 거예요. 좀 자극적인 얘기가 되겠지만 우리끼리는 학교선생님들에 대해서 어떤 일률적 지표를 정해 평가를 하고, 그에 따른 만큼 봉급에 차이를 두면 좋겠다고 말합니다. 잘 가르치고 실력이 뛰어난 선생님이 더 많이 받는게 맞다 라

는 거죠. 그러면 모든 게 해결될 텐데 하고 말이에요. 저희끼리 그냥 한 번.(웃음)

교육(敎育)은 사람을 기르는 일

 학생들이 그런 이야기를 나누고 있다고 하니 무섭다는 생각도 들고 한편으로는 참 비참한 마음이 들어 헛웃음이 나옵니다. 평가 얘기가 나왔으니 덧붙이자면 지금 공교육을 담당하는 학교의 선생님들을 평가를 하고 등급을 나누긴 하는데, 그 평가의 기준이 명확하지 않은 평가라는게 문제입니다. 그러니 결국 선생님들에게 긍정적인 효과는 없고, 어떻게 보면 교사를 대상화하는데 그치고 마는 결과를 낳게 되었습니다. 우리가 기업 경영을 할 때 상품을 몇 개 만들면 몇 개의 수량, 품질, 성과를 계량적으로 측정할 수 있잖아요. 그러나 사람을 교육시키는 일도 그런 식으로 수치화하는 일이 가능할까요?

예를 들어 성환 학생이 만약에 학교에 부적응하는 학생, 학습부진아라고 가정해 봅시다. 그랬을 때 부진한 학생을 버리고 가야할까요? 학교는 그런 곳이 아닙니다. 그럴수록 선생님들이 그 학생을 위해서 더 많은 시간을 투입하고 더 많은 정성을 쏟아야 합니다. 오랜 시간이 걸리는 일입니다. 그런데 교육하는 선생님들을 수치로 측정하는게 맞는 것일까요. 이런 교육의 기능들을 무시하고 그저 입시에 성공할 수 있는, 입시 맞춤식 교육부분만 가지고 성급하게 판단하는 것은 잘못된 부분이라고 생각합니다. 사교육을 없애는 부분들은 사실 대학 문제입니다. 대학을 좀 더 쉽게 진학 할 수 있도록 만들어야 하는 겁니다.

대학문턱이 낮아져야
사교육 청산이 가능해진다

그렇게만 된다면 학생 입장에서는 환영입니다. 그런데 그게 가능할까요.

그렇게 되기 위해서는 단기적으로 수능의 형태를 변화시켜야 합니다. 지금 수능이 9등급으로 나눠져 있는데, 이것을 5등급으로 나누거나 자격고사의 형태로 해서 일 년에 한번이 아닌 서너번의 기회를 주고 그를 통해 합격을 충족하는 기준을 통과하면 대학에 갈 수 있도록 하자는 겁니다. 학생들이 성적에 연연하지 않도록 말입니다. 결국 수능과 내신에 대한 상대평가가 서열을 만드는 거 아닙니까. 그 안에서 끊임없이 경쟁해야 하니까요.

그래서 절대평가를 통해 진짜 참다운 공부도 하고, 단계적으로 과열된 입시경쟁을 완화시키는 부분으로 가야한다고 생각을 하고 있습니다. 어떻게 보면 지금 대학으로 가는 입시제도의 설계가 특권학교가 들어가기 쉬운 제도로 되어 있다고 봅니다. 입시제도 자체가 많은 부분 더 단순화되어야 합니다. 사실 모든 걸 한꺼번에 바꿀 수는 없잖아요. 그러니까 그를 위한 과정으로서 제시를 하는 겁니다.

소탐대실(小貪大失)의 달콤함

 그런데 아이러니 한 게, 사람들은 절대평가를 싫어 하더라구요.

 아마도 몸에 배인 탓일지도 모르겠습니다. 진짜 중요한 것은 우리 한국만의 여유와 멋이 있는 삶을 살아봐야 한다는 겁니다. 그런데 일제강점기를 지나 해방이후 분단시대를 살고 있는 지금. 사방에 둘러싸인 자본주의 속에서 우리는 행복한 삶을 거의 살지 못하고, 강요되는 삶 속에서 늘 채찍질 당하고 있는 거 같습니다.

나는 그것보다도 사람이 자기 일을 갖고 삶을 사는 것이 중요하다고 봅니다. 뿐만 아니라 우리 삶이란 것이 또 여러 명이 함께 살아가야 하는 것이잖아요. 지금 당면한 저출산, 고령화도 함께 고려되면서 삶에 대해 우리가 더 많은 이야기를 해야한다고 봅니다. 그런데 지금 우리 사회는 너무나 이기적이고 자기 자리를 지키려는 데만 집중되어 있다는 말입니다. 눈 앞의 이익을 얻기 위한 욕망으로 가득 차 있다는 게 문제라고 봅니다.

이런 얘기를 하면 내가 너무 순진한 어른으로 보일지 모르겠지만 이것은 정말 중요한 문제입니다. 정권이 바뀌면 변화할 수 있다고 기대를 갖지만 사실 이러한 풍토나 제도라는 것들이 너무 단단하게 굳어져 있어서 변하지 않는 것에 대해 안타까운 마음이 큽니다. 그러나 이대로 포기해서는 안되는 거지요. 그렇기 때문에 우리 학교에 있는 선생님들이나 교육개혁을 바라는 교육운동가들은 끊임없이 도전하면서 대안을 만들어야 합니다. 아직은 부족한 것도 사실이지만 반드시 가야하는 길이라고 생각하고 있어요.

막 불평을 하면 네가 공부를 많이 해서 좋은 사람이 되어서 바꿔라 라는 식의 말만해요. 그런 말을 들으면 허무맹랑하기도 하고 힘이 빠지는데 또 반박이 되질 않아요. 저는 그 말이 우리 사회의 모든 문제를 담고 있는 것처럼 느껴져요.

사회에 깊이 뿌리 내린 '가만있으라' 교육의 폐단(弊端)

 그게 바로 '가만있으라 교육'의 전형입니다. 사회의, 어른들의 관점 자체에 문제가 있다는 겁니다. 우리 청소년들을 '인격의 주체'로 보지 않고 미성숙한 하나의 개체로만 보는 것. 그게 지금 우리 세상에 팽배한 하나의 관점이기 때문입니다. 나는 그것을 극복하게 하는 것이 교육이라고 생각합니다. 예를 들어 학교에서 인문학을 기반으로 한 토의·토론 수업, 모둠별 협업 발표 수업들을 하고 있는 것들이 우리 선생님들이 '가만있으라 교육'을 극복하려 노력하는 중이라고 봅니다.

교육주체가 스스로
결정할 수 있게 해야 한다

대담자 | 문성환, 구희현

학생은 교육정책의 당사자이며 교육주체다

 요즘 친구들과 이야기를 나누면서 학생이 교육의 주체가 맞냐는 말을 많이 합니다. 우리에게는 선거권도 없는데 무슨 주체냐고요. 교육정책에 있어서 학생들이 항상 아웃사이더 였다고 생각해요. 교육정책이라는 게 사실 저희에게 바로 해당되는 이야기인데도 사실 저희의 목소리를 듣는 것이 좀 부족하지 않았나? 또 학부모들에게만 너무 치중된 건 아닌가? 그게 결론적으로는 표가 권리를 행사할 수 있는 유권자들에게만 치우쳐서 그런 건 아닌가하고 말이에요.

이 화두가 나온 게 탄핵 정부 때라고 기억하는데, 그래서 그 당시 청소년들이 나와서 우리도 알건 안다 라고 하면서 의견을 말하면 어른들은 '너희들이 뭘 알아' 하는 식으로 무시해 버립니다. 이렇게 우리 의견은 잠식되어버리고 마는 그런 분위기가 너무 아쉬웠어요. 교육정책이라는 게 사실 사회의 중요한 부분이라고 할 수 있는데, 저희처럼 그것에 직접적으로 해당되는 당사자가 하나도 없다는 게 사실 문제가 있다는 겁니다. 그에 대해서는 어떻게 생각하시는지 꼭 여쭤보고 싶었어요.

 너무 당연한 의문입니다. 사실 선거권 획득부분은 정치권력과 매우 관련된 문제죠. 선거가 결국 유권자의 연령에 따라서 이기고 지고 하는 부분도 크기에 이를 전부 정치 논리로 많이들 접근하고 있는 거겠죠. 하지만 나는 생각이 다릅니다. 우리가 이해할 수 있는 보편적인 현재의 기준을 놓고 선거권이 향유되어야 된다고 생각합니다.

결론부터 말하자면 지금 18세까지 선거권을 낮추자는 부분이 빨리 시행되었으면 좋겠다고 생각합니다. 18세라는 나이는 이미 자기 일을 하고 있는 나이이고, 그렇기 때문에 충분히 자기 의사와 행동에 대한 자율 능력, 책임 능력이 있다고 봐야 하는 겁니다. 지금 민법에서는 만 19세가 성인이죠. 그러니까 법적으로는 학생들이 미성년자니까 그 모든 것을 학부모들이 법정 후견인으로서의 역할을 하고 있는 겁니다. 그러나 학생은 교육의 주체이고 당사자로 본다면, 지금 주장하고 싶은 것은 사실 만 16세, 그러니까 고등학교 정도까지는 학교의 각종 운영위원회까지도 학생 대표들이 참여할 수 있도록 해야 된다고 생각합니다. 그래야만 교육정책의 가장 중심에 서서 교육을 통해서 미래를 꿈꾸며, 성장해야 될 자신들의 산실을 만들어나가는 주체로 설 수 있다고 생각합니다. 그렇기 때문에 나는 학생들의 교육정책 참여 범위를 획기적으로 넓혀야 한다고 생각하는 입장입니다.

제 생각에는 정책을 너무 정치로 바라보기 때문인 거 같아요. 무상급식 이런 걸 봐도 그렇고.

그렇죠, 사실 정치의 내용이 '정책'이잖아요. 그런데 어찌 보면 서로들 자기의 논리를 합리화시키기 위해서 부당하게라도 전부 꿰어 맞추는 겁니다. 그건 논리가 아니라 궤변입니다.

방금 얘기한 무상급식을 예로 들어보면, 무상급식도 정책이잖아요. 아이들이 건강하고 안전한 밥을 먹을 수 있게 하는 것은 당연한 것이잖아요. 그런데 정치권에서 뭐라고 하냐면 '포퓰리즘'이니 '학교가 급식소'라든가 '좌파들의 정책'이니 하면서 무상급식 운동에 대해서 엄청 공격을 합니다. 재벌 손자에게도 무상급식을 해야 하냐 하고요. 나는 그런 이야기를 들으면 항상 돈을 많이 벌었으면 세금을 더 많이 내면 된다고 말합니다. 재벌가의 자녀도 대한민국의 국민이니까요. 그러면 될 일을 왜 정치로 만들어 공격을 하는지 모르겠습니다.

교복은 '왜' 비싼 겁니까?

약간 다른 얘기인데요, 저희 학생들 사이에서는 교복값이 너무 비싸다는 이야기가 나왔어요. 동복, 하복, 생활복, 체육복, 또 가디 건도 있고 해서 다하면 교복값 전체가 80만원정도 하거든요. 사실 그걸 또 매일 입어야 하잖아요. 그러려면 한 벌 가지고는 안됩니다.

나는 동, 하복 해서 50만원 정도인줄 알았는데 생각한 거 보다 종류도 많고 많이 비싸네요.

네. 맞아요. 그리고 그걸 3년 동안 입어야 하거든요.

그렇지. 당연히 여벌 필요하지요.

그러니까 안 살 수가 없어요. 저희끼리 나눈 이야기 중에 정부가 나서서 잡으면, 누가 봐도 충분히 교복 값을 잡을 수 있을 거 같은데 왜 이게 아직도 실행이 안 되고 있을까하고요. 아주 오래전부터 나온 이야기인데 말이예요.

정치적 논리보다 학생이 먼저다

또 정치얘기로 다시 돌아가야 할 듯한데, 정당은 정권을 잡기 위한 목표를 갖고 있는 겁니다. 따라서 정권을 획득하려면 유권자의 표를 얻어야 되지 않겠습니까? 바로 거기에서 '선점(先占)'이 매우 중요하게 됩니다. 그런데 상대편 정당에게 선점을 뺏겼다고 했을 때 서로 협치를 하는 것이 아니라 여기에 대해 문제점만 지적하는 겁니다. 예를 들어 정책을 만들고 그것을 시행하기 위한 예산 편성이 필요한데 국회에서 예산을 제대로 책정받기가 어려운 거죠.

그러니까 통과를 시키지 않는다는 거죠?

그렇죠, 이런 것들이 다 혼합되고 혼선되다 보니까 엄청나게 문제가 생기는 겁니다. 내가 알기로는 지금 지방자치단체하고 국가하고 세금을 쓰는 비율이 8대 2입니다. 국가에서 8을 쓰고, 나머지 2를 지방자치에 쓰는 걸 말하는데 이걸 '8:2 자치'라고들 하죠. 이건 결국 지방자치에서 보면 한마디로 '돈이 없다'는 얘기가 됩니다. 성남 같은 곳은 그나마 여유가 있는 편인데 다른 곳은 어려운 것이 사실이죠. 그러니 결국 방금 성환 학생이 이야기한대로 이것은 국가에서 해야 한다고 생각합니다. 국가가 무상교육 안에서 교과서대금이나 수업료 같은 것을 면제해주는 것보다도 우선적으로 무상급식, 그 다음에 무상 교복까지 가야만 진정한 무상교육이라고 생각한다는 겁니다. 나는 하루라도 빨리 이러한 고교무상교육이 이뤄져야 하고 이를 위해 노력해야 한다고 생각합니다. 여기엔 국가의 책임이 제일 크니, 당연히 국가의 재정으로 해야한다는 겁니다.

그리고 또 사실 일률적으로 교복을 입는 것도 그렇고 수업방식도 그렇고, 저나 친구들도 이게 일제강점기의 잔재가 아닌가 하는 생각을 하거든요.

교육주체가 스스로 결정할 수 있게 해야 한다

 내가 80년대 후반에 제일 중요하게 생각했던 것들이 촌지 안 받기나 비리 없애는 자정운동이었습니다. 그리고 선생이 학생을 가르치는데 있어 학생을 주체로 생각하자였습니다. 그러니까 학생을 교육의 주체로 생각하려면, 지금까지 일제시대의 잔재로 남아 있는 교육제도나 관행을 없애야 한다는 생각입니다. 지금 성환 학생이 말한 이야기를 하기엔 시대가 많이 변한 것도 사실이지만 아직도 오래도록 사람들 몸과 마음에 체화 되어버린 탓인지 완전히 배척하기만은 힘든 것들도 있다고 봅니다. 예를 들자면 아침 조회같은 것? 지금 다니고 있는 학교에서는 아침 조회를 합니까?

 네, 해요.

 내가 있는 학교에서는 이미 안하고 있습니다. 이런 것들도 없어져야 할 부분이기도 하죠. 교복을 보면, 예전 전두환 시절에도 교복 자율화가 있었는데 사복들 입고 다니면 돈이 많이 든다고 학교별로 다시 교복을 입게 된겁니다. 개인적으로는 교복의 스타일이나 색상, 착용여부에 대해서는 학교 구성원인 학생이나 학부모님들이, 교사는 좀 뒤로 빠지고 두 주체가 학교별로 합의를 해서 결정하는 형태가 되었으면 좋겠다는 생각하고 있습니다. 입어야 한다. 안 입어야 한다가 아니라 스스로 결정할 수 있어야 한다는 말입니다. 그것이 바로 자율성입니다.

재량이고, 그것이 다양성이기도 하고, 그런데 사실 조사를 해보니 의외로 교복을 입자고 하는 의견이 더 많긴 합니다. 지금 다니는 학교친구들은 교복 입기를 싫어하는 쪽인가요?

투표하면 교복입자는 의견도 많은 것이 사실이긴 해요.

두발자율화 문제도 그렇습니다. 내가 학생회나 학생자치 일 하면서 경험해봤는데, 의외로 두발자율화를 반대하고, 또 염색하는 걸 반대하더군요.

네, 맞아요. 제가 중학교 때 그때 선생님들이 좀 젊으신, 진보적인 선생님들이 많으셨어요. 학생회의를 하는 중에 규제를 다 없애자라는 이야기가 나왔었는데 오히려 애들이 나서서 반대를 하더라구요.

교실에서 수업이나 학생들의 교육을 통해서 다양성을 찾기 위해서라도, 이제는 정말 획일화된, 고착된 옛 모습들을 떨치고 나가야 된다고 생각합니다.

결국 우리 스스로가 희망이다

이번에는 좀 총체적인 질문을 드리고 싶은데 지금 말 그대로 민주시대가 왔잖아요. 그리고 뭔가 예전과는 다른, 기술, 4차산업혁명과 기술 그리고 교육과 같은 사회 전반적으로 삶의 질과 관련된 화두들이 나오고 있는데, 민주화를 겪으신 분으로서 저희 세대도 앞으로의 이런 문제를 희망적인 방향으로 생각하는 날이 머지않아 올 지 그에 대한 말씀을 들어보고 싶어요.

당연히 옵니다.(웃음) 당연히 와야 된다고 생각을 하죠. 지금 우리나라는 형식적 민주주의, 절차적 민주주의는 어느 정도 자리 잡았다고 보지만, 실질적인 민주주의, 사회적인 민주주의는 아직도 멀었다고 봐요.

민주주의는 끊임없이 재생산되어야 한다고 생각합니다. 바로 민주시민의 정신을 갖고 있는 사람들이 계속해서 재생산되어서 민주주의를 발전시키고, 후퇴하면 견제해 나가고, 그런 장치들이 만들어지면 이 모든 문제해결이 한층 더 쉬워질거라고 봅니다.

나는 지금 4차산업혁명 시대에 가장 중요한 동력은 민주시민정신이라고 생각합니다.

민주시민정신이란 협력하고 연대하고, 그 안에서 창의력을 발휘해내며, 다양성을 발휘해내고, 남을 인정하는 것이 바로 우리의 '힘'이 된다는 겁니다. 그러한 민주시민능력의 역량제고가 미래시대의 꿈을 만들어가는 밑거름이 된다고 생각하고 있어요. '희망'이란 결국 나도 만들어가고 성환 학생도 함께 만들어가는 거잖아요. 결국 우리 스스로가 희망이니까요.

오늘을 변화시키려면
합의를 끌어내라

대담자 | 김다해, 구희현

김다해
싱어송라이터가 꿈이다. 노래를 좋아하고 화장을 좋아한다.
장곡고 1학년 학생이다.

 안녕하세요. 김다해라고 합니다.

 반갑습니다. 오늘 이렇게 자리가 마련되어서 함께 얘기를 나눌 수
있게 돼서 무척 기대가 큽니다.

휴대폰, 통제보다는
자율이 먼저

먼저 말씀드리고 싶은 건 학생들 휴대폰 사용에 관한 건데요. 저희 학교는 휴대폰을 허용해 주는 학교라서 수업시간에 사전이나 정보를 찾아보고 있습니다. 그런데 사실 많은 학교가 휴대폰 사용을 금지 할 뿐만 아니라 아침에 걷으면 학교 끝날 때 다시 돌려주고 있잖아요. 제 생각에는 금지하는 것보다 휴대폰을 허용해 주는 게 훨씬 더 좋다고 생각해요.

 우리 학교도 모바일 과학고라서 허용하고 있는데, 나는 모바일을 활용해서 수업을 하기도 하고 SNS를 활용해 과제도 내고 발표도 하고 있어요. 그래서 개인적으로는 수업에 휴대폰을 활용하는 것을 찬성하는 입장입니다. 물론 현실적으로 수업시간에 학생들이 친구들이랑 문자 주고받고, 게임도 많이 합니다. 수업에 관심없는 학생도 있으니까요. 그러나 이런 문제가 있다고 모든 학생을 통제하기보다는 학생 스스로가 자율적으로 조정하면 된다고 생각합니다. 예를 들어 수업 중에 다른 용도로 사용하면 몇 시간 동안 보관을 한다든가 하는 식으로 학생과 교사가 같이 스스로 정하면 될 것 같아요. 사실 휴대폰은 이제 필수품이기도 하고 개인 소유물이기도 하니 자신이 결정을 하면 되겠죠. 다만 학교라는 공간은 서로 함께 하는 공간이고, 배움의 공간이니 만큼 거기에 맞는 용처를 찾아 스스로 결정할 수 있도록 하는 것이 맞다고 생각합니다.

오늘을 변화시키려면
합의를 끌어내라

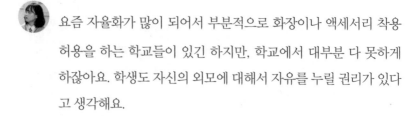

요즘 자율화가 많이 되어서 부분적으로 화장이나 액세서리 착용 허용을 하는 학교들이 있긴 하지만, 학교에서 대부분 다 못하게 하잖아요. 학생도 자신의 외모에 대해서 자유를 누릴 권리가 있다고 생각해요.

예전에 나 역시 학생부에 근무하면서, 교문 앞에 서서 화장, 염색, 액세서리, 복장 지도를 했어요. 결론부터 말하면 기본적으로 다 해 학생이 생각하는 바와 같이 나도 자유를 줘야 한다고 생각합니다.

네. (웃음)

앞으로 학교의 방향은 '자율'로 가야된다는 생각을 많이 하고 있습니다. 다만 학교에는 교칙, 규칙이라는 게 있습니다. 그 규칙을 학생들과 선생님들이 모여서 민주적으로 토론해서 규칙들을 개선해나가는 방법, 바로 전체 합의를 이끌어내는 게 해결점을 위한 지름길이라고 생각합니다. 반대하는 사람도 있을 수 있으니까요. 그를 위한 절차적인 부분들은 학생들 역시 민주주의를 배워가야 하니까 규칙들은 서로 함께 만들어가야 한다고 생각합니다. 제 이야기를 이해할 수 있겠어요?

'엄벌'보다는
'필요한 도움'을 주는 것이 먼저다

 네 무슨 말인지 알겠습니다. 이건 좀 다른 이야기지만 필요한 얘기라고 생각 되는게 있는데요. 학생의 흡연문제에 관한 것입니다. 지금 학교에서는 흡연학생 적발 시에 교내봉사를 하고 있는데 저는 그런 식 보다는 좀더 강력한 벌이 있어야 한다고 생각해요. 저는 봐주는 게 없어야 다시는 그러지 않을 거 같거든요.

 학생 흡연이 문제인 것은 맞습니다. 학생의 건강과 성장을 위해서 절대 해서는 안 되는 것이기도 하고, 학교라는 곳이 모두가 함께 생활하기 위한, 피해를 주지 않는 청정한 공동의 공간으로서 만들어야하기 때문에서도 그렇지요. 하지만 흡연에 대한 관점에 대해서는 저는 다해 학생과는 다른 관점에서 바라보고 싶습니다. 흡연 자체를 범죄로 볼 것이 아니라 '나쁜 습관'으로 보는 관점 말입니다. 나쁜 습관을 고치기 위해서 엄한 벌을 주기 보다는 '필요한 도움을 주는 것'이 바른 방향으로 생각된다는 말입니다. 특히 학생 흡연 문제 같은 경우는 보건소나 금연센터를 활용해 금연운동을 한다거나 캠페인 같은 인식개선을 겸해 학생들의 성장발육을 돕고, 서로 간의 피해도 줄이는 방향으로, 함께 도와가는 것이 더 중요하다고 생각합니다.

학생 VS 선생 = 교육?
학생+교사+부모+사회 = 교육!

그리고 또 한 가지 말하고 싶은 것은 선생님들에게 대드는 학생들에 대한 건데요. 학교에서 조치 방안이라는 게 사실 보통 선생님과 실랑이 벌이다 끝나는 일이 많아요. 제 생각에는 이런 학생들에게는 좀 엄한 벌이 필요하다고 생각해요. 다시는 그런 일이 없도록. 우리가 커서 성인이 되면 그런 행동은 결국 미래에 사회에 나가서도 직장상사에게 대드는 것도 똑같다고 생각하는데, 이걸 그냥 두면 버릇도 나빠지고, 나중에 윗사람에 대한 공경 같은 것이 아예 없을 우려가 커지기 때문에 그런 일이 생길 때는 바로 부모에게 연락한다든가 해서 좀 더 강한 제재가 필요하다고 생각해요.

흡연도 그렇고 얘기를 하다보니 다해 학생은 좀 '엄벌주의' 입장인 것 같은데. 경험적으로 얘기해보자면 사실 그런 식의 강함은 결국 또 다른 강한 반발을 불러일으키고 그로 인해 갈등이 증폭되면 해결점을 찾기가 더 어려워집니다. 다해 학생이 말하는 입장은 충분히 이해가 되는데 사실 그런 상황이 생길 때에는 항상 그 이전의 어떤 원인, 즉 이유가 있을 것이라고 보는데?

이유 없이 대드는 학생들이 있어요.

 이유 없이?

 네, 이유 없이. 선생님이 무슨 말을 하면 그에 대해 대드는 학생들.

 하긴, 학생이 자고 있어서 일어나라고 좋은 말로 하는데도, 자는데 깨웠다고 인상쓰고 욕하는 학생들도 직접 겪어보긴 했지요. 하지만 그런 걸 부모를 부르고 학교에서 엄벌을 하는 걸로 조치가 되는 건 좋은 방법은 아니라고 봅니다. 아이들이 때로 나쁜 행동을 하거나 욕설을 하더라도 어떻게 보면 교사가 그를 품어야 한다고 생각하는 거죠. 물론 학생이 잘못한 부분들은 분명하게 이야기를 해줘야 겠지요. 그리고 거기에 대해서 학생의 이야기를 듣고 너그럽게 서로 해소 점을 찾아야 한다고 생각합니다. 물론 선생님마다 훈육법은 차이가 있겠지만.

예를 들어 선생님들을 대할 때, 대들어도 되는가 안 되는가 자신들이 먼저 파악하고 있다는 거죠. 이미 학생들도 알고 있습니다. 거기다 그런 문제는 개인차나 상황들이 모두 다 다릅니다. 하지만 일단은 자신들이 한 잘못된 행동들에 대해서 정확하게 이야기

하고, 도가 넘은 학생들은 생활지도를 해서 해결점을 찾아가는 게 맞습니다.

생각해보세요. 어떤 학생이든, 아니 어떤 사람이든 집안에서 아주 행복하고 즐거운데 학교에서만 짜증내고 욕하고 그러지는 않습니다. 분명히 그 학생은 여러 가지 문제들을 복합적으로 안고 있는 것이고, 그 때문에 어려움을 겪고 있을 경우가 대부분입니다. 그래서 그런 점들을 이해하고 도움을 줄 수 있는 생활지도라든지 개별 상담이 필요하다는 겁니다.

나는 그것이 바로, 학교, 교육, 교사들의 가장 중요한 역할이라고 생각합니다. 물론 학교만으로는 해결될 문제는 아니고, 가정과의 소통이 필요하죠. 그런 이해나 사정과는 별개로 벌주기 위해서 부모님을 오시라고 해서 면담을 하는 것은 좋은 방법이 될 수 없습니다. 예를 들어 부모와 사이가 안 좋아서 그러는 학생이라면 그 면담이 재대로 이뤄질 리가 없질 않겠습니까? 학생과 부모 사이에서 그런 부분들을 풀어주는 역할도 선생님의 역할중 하나라고 보고 있습니다. 학교에서 선생님이 해야 할 역할은 아주 많습니다. 단순히 해당 과목을 가르치는 게 선생이 아니라는 거죠. 사실 지금 현장에서 학생들과 마주하는 교사들은 한결같이 아이들에게 가깝게 다가가고 싶어합니다. 내가 항상 주장하고 있는 부분인데 앞에서 말한 그런 역할을 선생들이 해낼 수 있도록 교사나 학생, 학부모가 서로 존중하는 풍토도 자리 잡혀야 하고, 교사가 학생들 개개인에게 더 많은 시간을 할애할 수 있도록 과도한 잔무도 해소시켜줘야 하는 것이 교육당국의 역할이라는 겁니다. 반복되는 이야기겠지만 학교 내에서 일어나는 문제점에 대해서 엄벌보다는 함께 풀어가야 하는 소통이 먼저라고 생각하는 입장입니다.

언어폭력도 폭력입니다

요즘 사실 체벌이 안 되잖아요. 그래서인지 학교 선생님들께서 학생들에게 인신공격하거나 언어폭력으로 학생들 기분을 많이 상하게 해서 학생들과 실랑이 벌이는 사건들이 많이 일어나거 든요.

서로 존중해야
소통이 왜곡되지 않는다

이야기를 들으니 나도 교사로서 반성이 됩니다. 교사로서 반성해 야한다고 생각합니다. 요즘에 학교 안에서 교사와 학생이 부딪칠 일들은 수업시간에 잠자거나 떠들거나 과제를 안 해오거나 아까 얘기한 복장 같은 부분들에서 대부분 생기잖아요. 선생님들도 학 생들을 어린아이로만 보거나, 일명 갑(甲)이다 하면 그때부터 문제 가 생기는 겁니다. 교사가 학생을 대할 때, 학생을 삶의 주체로 존 중해야 하는 게 먼저입니다. 당연히 인신공격, 언어폭력은 안 됩 니다.

하지만 또 다른 측면에서 보면 물론 요즘 학생들이 습관처럼 욕설로 소통을 하는 경우가 많은 데 그러나보니 부지불식간에 선생님들에게까지 욕설을 하는 경우가 생깁니다. 그러니 사실 학생들도 실수로 욕설이 나왔으면 잘못을 인정하고 사과할 수 있는 자세가 되어야 한다고 생각합니다. 그리고 이런 걸 가르치는 것이 교사의 일이기도 하지만 서로 존중하는 자세가 기본이 되어야 교사와 학생 간의 소통이 왜곡되지 않는다고 생각합니다.

그러니 학생과 선생이 학교라는 공동체 속에서 서로 상호 수평적이란 인식을 가져야 합니다.

학교폭력 실태조사, 제대로 이뤄지지 않아요

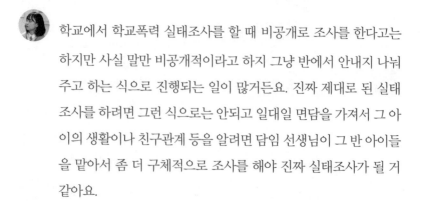

학교에서 학교폭력 실태조사를 할 때 비공개로 조사를 한다고는 하지만 사실 말만 비공개적이라고 하지 그냥 반에서 안내지 나눠주고 하는 식으로 진행되는 일이 많거든요. 진짜 제대로 된 실태조사를 하려면 그런 식으로는 안되고 일대일 면담을 가져서 그 아이의 생활이나 친구관계 등을 알려면 담임 선생님이 그 반 아이들을 맡아서 좀 더 구체적으로 조사를 해야 진짜 실태조사가 될 거 같아요.

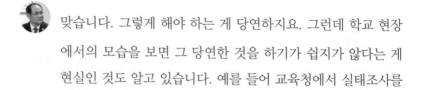

맞습니다. 그렇게 해야 하는 게 당연하지요. 그런데 학교 현장에서의 모습을 보면 그 당연한 것을 하기가 쉽지가 않다는 게 현실인 것도 알고 있습니다. 예를 들어 교육청에서 실태조사를 일괄적으로 해라 하는 지시가 내려오면 학교별로 다 해야 되겠죠. 그리고 조사한 내용을 통계를 내서 올리라고 하는데 선생들이 그걸 하는 과정이란 것이 다해 학생이 말하듯이 실질적인 조사가 되지 못하고, 그 과정 안에서 학생인원을 보호하지 못하는 형국이 되버리니 이는 반드시 시정해야 하는 사안입니다. 조사를 하면서 조사 내용을 반장이라든가 하는 학생이 걷습니다. 그러다보니 반장이 알게 되고. 비공개라는 말이 무색해지고 말아버립니다. 거기다 선생님들은 수업도 해야 되고 업무도 과중한 실정이라 일일이 상담할 시간들도 부족하고 상담을 하더라도 성의 있게 많은 시간을 할애할 수 없는 것이 지금 학교의 현실입니다.

실태조사의 진정성은 결국 선생님과 학생 간의 밀접한 관계가 있어야 하는데, 개인적으로는 교사들이 잔무에서 해방되어야 학생들과 함께 하는, 생활지도 측면에서 더 많은 시간을 할애하는 일이 가능해 진다고 보고 있습니다. 그렇게 하면 다해 학생이 이야기한 대로 실질적인 조사도 되고, 학생의 인권도 보호할 수 있는 조사가 가능해지는 겁니다. 교사와 학생이 서로 많은 시간을 통해 교감하고 소통하면서 각자가 가진 두려움도 이기고 자신의 이야기를 제대로 할 수 있게 되리라고 생각합니다. 그게 실태조사인거죠.

급식은 삶이며, 교육이다

 지금 학교에서는 대체적으로 급식실태조사를 두 달에 한 번 정도 하는 식으로 오랫동안 안 하다가 한 번하는 식인데 이걸 좀 자주해야 한다고 생각해요. 사실 매일 급식 맛이 다르잖아요. 그리고 급식이 허술할 때도 있고, 안에서 벌레가 나오거나 하는 경우도 가끔은 있기도 하고. 학생들이 먹는 밥이니까 위생이나 맛 같은 게 정말 중요하잖아요. 그리고 학생들이 유료로 돈을 내서 하는 거기도 하고. 그러니까 학교에서 급식 실태조사에 좀 더 신경을 써줬으면 좋겠어요.

나도 교사를 하면서도 15년 전에 김상곤 교육감 시절에 무상급식 운동을 했었어요. 지금도 급식운동 대표를 하고 있고. 그 누구보다도 급식에 대해서는 중요하다고 생각하는 사람입니다. 그건 '급식'이라는 것은 단순히 한 끼를 때우는 것이 아니라 함께 모여서 같이 어울리는 중요한 삶이기 때문입니다.

맞아요.

나는 급식은 교육이라고 생각합니다. 교육이니까 임시방편이나 사업적인 측면에서 생각하면 안 된다고 생각해요. 실태조사도 보면 반찬 맛이 없다는 의견이 나오면 그때 한 번 하고, 그다음에 벌레가 나왔다 그때 한 번 하고, 이렇게 하고들 있는데 그래서야 무슨 실태조사가 되겠냐 말입니다. 다해 학생의 말에 전적으로 공감을 하는 부분입니다. 그리고 참 고등학교는 무상급식이 아니니까 비용을 내잖아요. 얼마정도 하는지 알고 있습니까?

아마 삼천팔백원에서 사천…얼마 정도?

 그래요, 대략 4천원 이내인데, 그 금액 안에서 인건비하고 식품비를 분리하면 너무 적은 액수가 남습니다. 그런데 이것이 또 학부모들에게는 사실 적은 돈이 아닙니다. 그래서 나는 중학교까지 하는 무상급식을 고등학교까지 확대하자는 운동을 계속하고 있는데, 그렇게 된다고 했을 때도 급식의 질은 무엇보다도 중요합니다.

도로를 만들고 건물을 짓는 것도 중요한 일이겠지만 무엇보다도 중요한 것은 사실 '교육'입니다. 우리 어른들이 교육에 투자해야 한다는 겁니다. 아이들이 건강하게 먹고, 즐겁게 먹고, 잘 먹을 수 있도록 농민들이 열심히 농사를 지어주고, 이는 아이들에게도 농민들에게도 모두 좋은 일이 아닙니까? 또 잘 아시겠지만 학교 급식을 담당하고 있는 영양사선생님들, 조리사님들이 계시는데 그분들의 처우도 개선되어야 하고요. 처우를 그대로 두고 급식의 질만 개선하기는 어렵기 때문입니다. 급식이 이뤄지는 공간 속에서 서로를 존중하는 것도 중요한 부분입니다. 학생들이 애써주시는 분들께 감사한 마음으로 먹고 존중하는 마음으로 인사를 하는 것도 중요한 부분입니다. 학교니까 그게 교육이니까 말입니다.

밥 먹을 시간이 부족해요

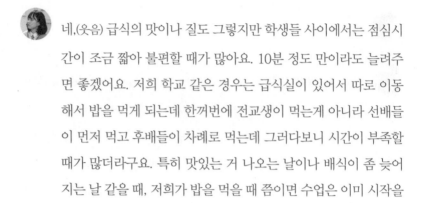

네,(웃음) 급식의 맛이나 질도 그렇지만 학생들 사이에서는 점심시간이 조금 짧아 불편할 때가 많아요. 10분 정도 만이라도 늘려주면 좋겠어요. 저희 학교 같은 경우는 급식실이 있어서 따로 이동해서 밥을 먹게 되는데 한꺼번에 전교생이 먹는게 아니라 선배들이 먼저 먹고 후배들이 차례로 먹는데 그러다보니 시간이 부족할 때가 많더라구요. 특히 맛있는 거 나오는 날이나 배식이 좀 늦어지는 날 같을 때, 저희가 밥을 먹을 때 쯤이면 수업은 이미 시작을 해 있을 때도 많거든요.

그건 우리 학교도 마찬가지 상황이긴 합니다. 그래서 선생님들이 10분 늘려달라고 건의하기도 하고 차라리 10분 일찍 먹자는 얘기가 나오기도 했었습니다. 이런 것들은 서로 합의를 해서 충분히 조정할 수 있는 거라고 생각합니다. 작은 일처럼 보일 수 있지만 이 또한 매우 중요한 교육복지의 하나입니다. 앞으로 여러 선생님들과 의논하면 충분히 좋은 답을 얻어낼 수 있을 거라고 생각합니다.

네, 감사합니다.(웃음)

아 참, 한 가지 더 말씀드리고 싶은 게 있는데, 혹시 우유를 무상 공급하는 건 어떨까요?

그래요. 우유 무상급식은 아주 좋은 아이디어가 될 수 있다고 생각합니다. 실제 요즘 먹거리 부분에 대한 관심이 커지고, 또 그와 함께 문제들도 많이 부각되고 있죠. 우유 무상 공급의 경우는 무상급식 속에서 함께 해결할 수 있는 부분이라고 생각합니다. 어떤 의미에서는 지역 축산업을 살리는데도 일조할 수 있다고 봅니다.

19세기의 교실, 20세기의 교사, 21세기의 학생들

대담자 | 김다해, 구희현

학생 스스로
공부할 수 있는 능력을 키워야…

저는 수업 중에 한 시간 정도는 자기 주도 학습을 하는 시간이 있으면 좋을 거 같아요. 자기 주도 능력을 키우기 위해서요. 사실 수업 중에 조는 아이들도 많고, 그저 수업을 따라가는 학생도 많은데, 자율적으로 공부할 수 있는 시간이 있다면 오히려 좋을 것 같아요.

스스로 할 수 있는 습관을 키워주는 것은 아주 좋은 일입니다. 다만 수업 시간 중에 자기주도 학습시간을 만든다라는 것은 실제 학사일정이나 교육과정을 봐서 조절해야하는 문제가 있습니다. 하지만 그런 시간이 있다면 다해 학생 말대로 스스로 공부하는 능력도 키울 수 있고, 또 다른 의미로는 학생들에게 숨통을 터주는 시간이 될 수도 있다고 봅니다. 우리가 살면서 무엇이든 습관이 되어 버리면 쉽게 바꾸지를 못하죠. 하지만 다시 생각해보면 학생들이 공부하는 데 더 효율적인 방법이 될 수 있다면 새로운 방식을 과감히 도입하는데 맞다고 생각합니다. 지금의 교육을 변화시키려면 결국은 '열린 사고'가 우선되어야 하죠. 오래되었다는 이유로 바꾸지 못할 이유는 없어야 합니다. 필요하다면 오래된 관행, 습관이라도 과감히 벗어던지는 것도 필요하다고 생각합니다. 오랜 시간 교직에 있었지만 다해 학생 같은 교육 주체들, 당사자들과 함께 이야기를 나누다 보면 늘 많은 것을 배운다는 생각이 듭니다.

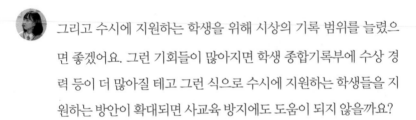

그리고 수시에 지원하는 학생을 위해 시상의 기록 범위를 늘렸으면 좋겠어요. 그런 기회들이 많아지면 학생 종합기록부에 수상 경력 등이 더 많아질 테고 그런 식으로 수시에 지원하는 학생들을 지원하는 방안이 확대되면 사교육 방지에도 도움이 되지 않을까요?

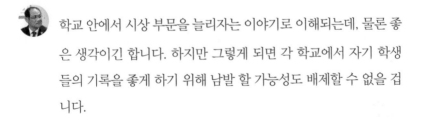

학교 안에서 시상 부문을 늘리자는 이야기로 이해되는데, 물론 좋은 생각이긴 합니다. 하지만 그렇게 되면 각 학교에서 자기 학생들의 기록을 좋게 하기 위해 남발 할 가능성도 배제할 수 없을 겁니다.

그렇다 하더라도 사교육보다는 학교 교육을 중심을 공부하는 학

생들에게 기회를 확대하고, 그를 통해 학생들이 노력할 수 있도록 했으면 좋겠거든요.

 당연한 바람이라고 생각합니다. 사실 이것은 근본적으로 대학을 가기 위해서가 아니라 자신이 앞으로 나아갈 미래 설계에 도움이 되는, 그 발판이 되는 형태로서의 기능이 우선되어져야 합니다. 다시 말하면, 그런 기회를 확대한다고 하더라도, 그것은 수시에 지원하는 학생에게 기회를 더 주기 위한 것이 아니라, 학생들이 전공하는 분야에 실질적 도움이 되는, 칭찬을 더해서 자기계발을 할 수 있는 기회가 되어야 한다는 것입니다. 이런 순기능을 갖는 형태로 확대한다면 앞서 말한 문제들은 자연스럽게 해소되겠지요.

행복한 삶을 위한
교육이 이뤄져야 하는 곳이 '학교'다

 이제, 학교 축제에 대해서 얘기하고 싶은 게 있는데요. 축제를 학생들이 직접 기획하고 운영도 했으면 좋겠어요. 우리가 직접 꾸려나가는 것이 더 의미있고 기억에 많이 남는 축제가 될 거 같거든요.

 이미 많은 학교들이 그렇게 하고 있지 않나요?

 그렇긴 한데 아직 그렇지 않은 학교들도 많이 있다고 알고 있어요.

사실 축제를 기획하고 운영하는 것에는 복잡한 일과들이 많으니까 교사들이 기획하고 역할을 나누고 하는 경우가 많습니다. 학생들은 공부를 해야 하니까. 그런데 선생님들이 축제를 진행하다보면 학생들 불만이 생기는 일도 자연히 있게 되죠.

내가 예전 근무하던 학교에서 축제담당을 한 적이 있었는데 그때 학생축제추진위원회를 만들어서 4월부터 함께 모여 정기적으로 회의도 하고 교사와 학생이 함께 축제를 만들었던 기억이 납니다. 그때 교사는 학생들이 잘 모르는 예산이나, 장소, 지원 등을 도와주고 하면서 함께 했었는데 나 역시 그때의 일을 아주 좋은 추억으로 기억하고 있습니다.

우리 학교의 경우도 몇 해전에 지금 다해 학생이 말한 것과 관련해서 여론조사랄까, 실태조사 같은 걸 한 일이 있는데, 그때도 사실 축제를 학생들이 직접 해보고 싶다는 의견이 많이 있었어요. 그래서 이번에 학생들이 직접 기획해서 축제를 했었는데, 조금은 서툰 면도 있었지만 학생참여도도 높아지고, 학생들에게는 아주 의미 있는 좋은 추억, 경험이 되었다고 생각했지요. 대부분의 학생 중심의 축제는 오전에 바자회나 먹거리장터를 하고, 오후에 강당에서 경연대회 등을 하잖아요? 사실 내용면에서 내실이 부족하다는 생각이 드는 것도 사실입니다. 준비도 그렇고, 모둠 활동이나, 그동안 자신들이 준비한 것을 자신있게 펼칠 수 있도록 하기에는 일단 기간이 너무 짧아요. 제대로 하려면 아무리 짧아도 최소 이틀은 축제를·해야 하는데 말입니다. 체육대회, 축제, 소풍 다 마찬가지입니다. 학교에서 학생들이 자신이 중심이 되어 즐겁게 할 수 있도록 더 많은 시간이 할애되어야 합니다. 학교의 공부라는 것이 오로지 입시만을 위한 도구가 되어서는 안 됩니다. 시험을 위한 공부 외에도 한 사람의 인간, 행복할 권리가 있는 인간으로서의 공부도 함께 해야 하는 것이 학교가 되어야 합니다.

체육대회 말씀하시니까 생각이 나는데, 고3 선배들은 항상 공부를 하잖아요. 보통 운동회하는 하는 날 같은 경우도 고3은 참여안하고 고1, 고2만 하는데 고3도 참여를 했으면 좋겠어요. 하루 정도 만이라도.

그렇죠. 어떻게 보면 고3이라는 이유만으로 학생들은 자신의 진짜 '삶'이 없는 것 같다는 생각이 듭니다. 개인적인 생각으로는 아마 학생들은 참여하고 싶어 하지만 학부모나 관리자들이 걱정이 많기 때문일 겁니다. 잘못하다 부상을 입을 수도 있고, 또 무엇보다 입시에 방해될까 걱정이 크기 때문이겠죠. 물론 다 이해는 합니다. 하지만 하루 정도 입시에 지친 학생들의 마음을 풀어주고 나면 오히려 학생들 스스로 자신의 공부들을 보충하지 않을까요? 그런데도 그렇게 하지 못하는 건 기존의 관행이라든가 지나친 염려가 이유라고 봅니다. 이건 단순히 학생들을 하루 더 놀게 해주자는 이야기가 아닙니다. 교육개혁에 있어서 하나의 중요한 과제, 교사와 학부모가 함께 풀어나가야 할 과제라는 겁니다. 진정한 교육개혁이라는 것은 교사와 학부모, 학생, 모두가 함께 해야 하는 겁니다. 그렇지 않으면 한없이 더디게 되죠. 다해 학생의 이야기는 어찌 보면 무척 가슴 아픈 일입니다. 당장은 어렵더라도 여러 선생님들과 더 함께 고민해서 최소한 다해 학생이 3학년이 될 때쯤이라도 가능해지면 좋겠습니다.

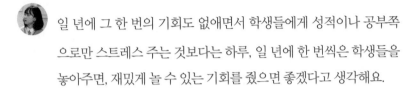

일 년에 그 한 번의 기회도 없애면서 학생들에게 성적이나 공부쪽으로만 스트레스 주는 것보다는 하루, 일 년에 한 번씩은 학생들을 놓아주면, 재밌게 놀 수 있는 기회를 줬으면 좋겠다고 생각해요.

혹시 루소라고 들어본 적 있어요?

아니요?

자유가 교육의 본질이다

루소는 18세기 프랑스의 교육론자 이자 철학자, 사상가 인데, 그가 쓴 책 중에서 소설형식의 교육이론서인 《에밀》이라는 책이 있습니다. 그 책에서 주장하는 것은 '사람에게 있어 최고의 행복은 권력에 있는 것이 아니라 자유에 있다'라는 거죠. 어떻게 보면 루소 역시 당시 교육이 안고 있었던 수많은 문제 들을 뛰어 넘으려 했던 것이었는데, 그 때문에 핍박을 당해 어려움을 겪기도 했지요. 내가 갑자기 루소의 《에밀》 이야기를 꺼낸 것은, '자유'야 말로 교육의 본질이라고 생각하기 때문입니다.

앞으로의 시대를 4차 산업혁명의 시대라고들 하지 않습니까? 언젠가는 학교에 안 와도 수업이 가능한, 하드웨어가 없는 방향으로 가게 될지도 모르고, 교과서도 디지털의 형태가 되겠지요. 개인적으로는 체험학습이라는 말보다는 소풍이라는 표현을 더 좋아하는데, 이럴 때 일수록 학교 내의 체험학습, 축제나, 체육활동 등이 오히려 늘어가야 한다는 생각입니다. 이런 활동들이 어느 학교든 공정하게 보장되는 교육과정으로 되어야 합니다. 당연히 수업도 줄어들고 말이죠. 그래서 학생들을 입시교육 중심에서 조금이라도 벗어나게 해주고, 정신건강도 증진시켜주는 중요한 창구역할도 되어 주고 이를 통해서 암기 위주의 교육보다도 스스로 창의력을 만들어 내고 함께 더불어서 협동하는 것, 협력하는 것도 자연스럽게 키우도록 말입니다. 어차피 4차 산업이라는 것이 사실 사람 간의 협력이 없이는 불가능하기 때문이죠.

우리 어른들은 아이들을 이런 방향으로 키워나가는 것이 정말 중요하다는 것을 알아야 합니다. 그리고 학교교육과정 역시 이를 중심으로 운영되어야 하고요. 이러한 것들이 하루빨리 실현되어야 공교육이 정상화되고, 과도한 입시교육, 경쟁교육, 경쟁사회의 폐단을 완화시킬 수 있습니다. 이를 위해 국가와 기업, 아니 전 사회 모두가 빠른 합의를 이끌어내야 하는 겁니다. 진짜 우리의 미래를 위해서 말입니다.

사실 현장체험학습도 보통 일 년에 한 번 갈까 말까 하는 학교들도 많이 있고, 한 번 정도 가는 학교들도 있다고 들었는데 차라리 의무적으로 세 번 정도는 가서, 직접 소감도 적고 하는 식으로 우리 학생들이 더 많은 경험을 쌓고 많은 것을 보고 느낄 수 있게 해줬으면 좋겠어요.

세월호 참사 이후에 안전을 위해서 다수가 아니라 소수가 간다거나, 100명씩 끊어서 가기도 하고 또 안전요원이 반드시 동행하는 등 많이 개선이 되긴 했는데, 사실 여전히 학교나 학부모들은 조심스러운 고민거리를 안고 있어요. 혹여 사고 자체도 큰일이지만 거기다 책임 문제 같은 것도 무시할 수 없고. 그러다보니 학교는 계속해서 축소 지향적으로 운영하는 입장인데 이런 부분들을 어떻게 극복하고 안전장치를 마련할 것인가가 바로 우리 교육계의 숙제입니다. 한 번 나가려고 해도 책임에 대한 절차들이 있어서. 안타깝지만 당장은 어려운 실정이죠. 그러나 물론 이 모든 게 반드시 개선되어야 하는 것은 분명합니다.

19세기의 교실에서 20세기의 교사들이 21세기의 학생들을 가르친다?

 학생들에게 그런 시간들이 확보된다면 학부모들이 학교에 와서 자신의 아이들이 마음껏 뛰어놀고 건강하게 지내는 모습을 보게 될테고, 그것이 바로 부모와 자식간의 중요한 소통이 될 수 있다는 겁니다. 이러한 시간들의 필요성, 아니 중요성에 대해서는 사실 이미 모두가 알고 있습니다. 그럼에도 불구하고 하지 못하고 있는 게 우리의 현실이란 말입니다.

예전에 우리 교사들이 이런 이야기를 했습니다. '19세기의 교실에서 20세기의 교사들이 21세기의 학생들을 가르친다'라고 말입니다. 우리의 교육현실이 오래된 과거의 교육체제 속에서 교사들은 어쩌면 학생들의 변화를 다 따라가지 못하는 것은 아닌가 하는 생각이 든다는 거죠. 학생들은 우리 교사들보다 더 미래를 보고 가니까. 그것을 극복하는 것이 교육운동이고 교육개혁이고, 학생 중심의 교육인데, 이는 내 자신부터도 끊임없이 반성하고 있는 문제이기도 합니다. 정말 어려운 문제이기도 하고. 나 자신도 학부모였고, 교사인데 자식들을 그저 미성년자로 어리게만 보면서 '통제나 관리가 필요한 대상'으로만 보고 있지는 않은가? 하고 말입니다. 하지만 사실 우리에게 너무나도 뼈아픈 416 사건도 그렇고 우리 사회가 안전하고, 전쟁의 위협도 없는, 생명을 존중하는 평화사회라는 것이 선행되어져야 우리 부모들의 그런 걱정과 우려들도 사라지게 되겠지요. 이는 어느 한 개인의 인식의 문제가 아닌 모두가 합해진, 통합 융합의 관점에서 사회 전반이 함께 개선되어야 할 문제인것이기에 너무나도 어렵다는 것입니다. 어른인 내가 학생들을 보고 있으면 미안하다는 마음이 앞섭니다.

학생이 사회의 흐름을
제대로 인식할 수 있어야 한다

 요새 나라가 뒤숭숭하다는 생각을 많이들 하거든요. 하지만 학생들은 입시에 거의 빠져 살다시피 하고 있어서 나랏일에 관심을 갖기가 사실 어려워요. 나랏일과 상관없이 그냥 계속 공부만 하고 이런 것 보다는 나랏일에 관심도 가질 수 있도록 해야 한다고 생각해요. 학생도 결국 우리나라 사람이고, 몇 년이면 성인으로서 사회에서 같이 살아가니까. 이렇게 해서라도 사회와 나라의 흐름을 인식하도록 학생들에게 그런 시간들이 있었으면 좋겠어요.

 아! 그렇죠. 내가 학생들과 함께 하면서 늘 생각하고 있던 것입니다. 수업교과시간에도 마찬가지로 통합교육이라고 해서 민주시민교육, 평화교육, 환경교육 같은 것들을 합쳐서 학생들에게 제대로 된 교육을 가르쳐야 합니다. 이건 교사로서 당연히 해야 되는 것이라고 생각하는 거죠. 조금 어렵게 얘기하자면 그렇게 되려면 '교과과정의 재구성'이 필요하다는 겁니다. 계속 언급했던 이야기지만 그러려면 선생님들도 시간이 필요하고 더 노력을 해야 되겠죠. 다해 학생이 마침 좋은 이야기를 해줬고 이건 우리 교사들이 반성해야 될 일이라고 생각합니다.

Part **02**

교사가
즐거워서
하하하

• 대담자 | **경윤영, 이성균**
구희현

교사와 학생의 '갈등'
악순환의 고리는
아주 작은 곳에서 시작

대담자 | **경윤영, 이성균**

교사 **경윤영**
아이들이 하고 싶은 일과 해야하는 일이 같은 삶을
살았으면 하는 바람을 지닌 중학교 1학년 담임이자 국어과 교사이다.

교사 **이성균**
머뭇거림의 잡초가 결코 자랄 수 없는 화산과 같은 '열정'을
가르치고 있는 시흥 함현고등학교 국어과 교사이다.

 안녕하세요. 함현고등학교에서 아이들을 가르치고 있는 이성균

이라고 합니다.

 과목이?

 고3 학생들 국어를 가르치고 있습니다.

그럼 지금 문제풀이를 계속 하고 계시겠네?

 열심히 EBS를 가르치고 있죠. 사실 그것도 참 속상한 일 중에 하나이긴 합니다.

 저는 안산성호중학교에서 국어를 가르치고 있는 경윤영입니다. 지금 중학교 1학년 아이들을 가르치고 있습니다.

 아, 그렇군요. 한 분은 입시 전문가. 한분은 생활지도 전문가. 두 분 전문가들이 이렇게 오셨으니 긴장하겠습니다.

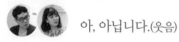 아, 아닙니다.(웃음)

심해지는 학교폭력, 실질적 대책은 있는가

 제일 먼저 나누고 싶은 이야기는 아무래도 가장 가까운 얘기로, 아이들 생활지도에 관련된 건데요. 시작부터 좀 무거운 얘기가 될 수도 있긴 하겠지만 얼마 전에 뉴스에도 나왔던 부산 여중생 폭행 사건 관련해서 말씀을 드리려고 합니다.
지금 현재 학교에서는 학교폭력을 막기 위해서 학교폭력 예방교육을 하거나 학교폭력 대책자치위원회를 활성화해서 이를 사전에 방지하거나 중재하려는 노력들을 많이 하고 있습니다만, 사실 학교

폭력이라는 게 학교 안에서보다는 밖에서 더 많이 일어나고 있는 실정이고, 아시다시피 그 수위도 점점 심해지고 있는 상황이거든요. 그러다 보니 현재 학교에서 시행하고 있는 이런 대안들이 실효성이 없는 게 아닌가 하는 의문이 생기는 게 사실입니다.

그리고 또 제가 알기로 다른 나라에는 사실 '학교 폭력'이라는 말 자체가 없다고 합니다. 학교에서 일어나는 폭력도 폭력이다 라는 거죠. 그래서 폭력문제는 사회의 측면에서 해결하고 있다고 하는데 이사장님께서 지금 우리의 학교폭력에 대한 관점이나, 접근방식에 대해서 어떤 생각을 갖고 계신지, 혹시 실질적 대책으로 생각하고 계신 게 있다면 무엇인지도 여쭙고 싶습니다.

엄벌주의는 임시방편일 뿐, '회복적 교육'이 학교의 길이다

 선뜻 답하기 어려운 질문입니다. 저 역시 학교에 있으니까 누구보다 실상을 잘 알고 있기 때문이기도 하죠. 사실 학교에서는 창체 시간이라든가 담임 시간들을 활용해 예방교육도 많이 하고 있습니다만 지금의 학교폭력 예방교육이라는 게 형식적인 경향이 많습니다. 실제적인 교육이 되기보다는 아이들이 레퍼토리를 다 꿰고 있는 그저 형식적인 교육에 그치고 만다는 겁니다. 또 학교폭력 자치위원회의 경우도 문제가 있다고 생각하고 있습니다. 여기에는 어떤 공적 기능, 공정 시스템을 적용해서 제재하고 정리하겠다는 거라고 볼 수 있는데, 지금 학교의 상황을 보면 이게 뭐랄까.

경직성이 강하다는 겁니다. 다 그렇다는 것은 아니지만 작은 문제가 생겼을 때조차도 전부 거기서 처리하게 되어 버리니 말입니다. 예전 제가 학교폭력 전국대책위 위원장 일도 하고 토론회도 하면서 학교폭력부분을 생활기록부에 기재하는 것을 인권침해 관점에서 반대하기도 했었습니다. 왜냐하면 학교 내에서 해결할 수 있는 작은 문제들조차 제재라는 미명하에 아이들 생활기록부에 기재하게 되면 그게 결국 아이들에게 마치 범죄자처럼 낙인을 찍는 결과가 되어서 후에 아이들의 진로나 진학에 치명적인 영향을 미치게 될 수 있기 때문입니다. 그런 것들을 직접 보면서 참 힘이 들었습니다.

실질적인 대책을 물으시니 답해야겠지만, 안타깝게도 뾰족한 답을 당장 드릴 수는 없을 것 같습니다. 하지만 제 생각을 말씀드리자면 어차피 학교폭력이라는 것은 '학교'자를 빼고 보면, 전부 가정과 학교와 학교 앞 부근에서 함께 이뤄진 총합적인 갈등의 하나의 모습이잖아요. 생각해보면 결국 우리가 폭력의 원인을 제공했으니 또 대책 또한 학교와 가정과 사회가 함께 공동으로 나누어져야 한다고 생각합니다. 그렇게 함께 해결해야 할 문제를 우선 법으로 정해 처벌의 양형을 높이고 엄히 하겠다는 부분들은 사실 임시방편에 불과한 대책일 뿐이라는 겁니다. 우리 학교에서는 징벌적 사법, 엄벌주의 보다는 '회복적 생활지도', '회복적 생활교육'이 되어야한다고 생각합니다.

학교는 회복적 교육을 통해 학생 간의 문제를 함께 반성하고, 가해자로부터 진정한 사과를 받도록 해서 서로 치유 받는 것, 다시 말해 원래 있어야 할 곳으로 돌아가 회복되는 것이 먼저입니다.

학교라는 곳은 이런 부분에 끊임없이 시간, 제도 정비, 지원을 해야한다는 입장이라는 말입니다. 학교폭력 부분들에 대해서 저는 '폭력은 전쟁과 같이 나쁜 것이다'라고 생각하고 있습니다. 이 부분들을 우리가 학교에서, 모든 교과에서 민주시민교육의 일환으로써 계속해서 강조하고 또한 소외된 사람과 학생에 대한 배려부분들을 계속해서 우리가 교육적으로 이야기해야 된다고 믿고 있습니다. 뾰족한 답이 되지 못한 것 같아 미안합니다.

아닙니다. (웃음) 하신 말씀은 사실 저희도 많이 공감하는 부분입니다. 사회와 학교에서 해야 될 역할을 좀 구분 지을 필요가 있습니다. 이사장님 말씀대로 사회에서 할 수 있는 일은 사회에서 하고, 학교에서는 회복을 위한 방향으로 가야한다고 말입니다. 어쨌든 학교는 교육을 담당하는 기관이니까 처벌 이런 것은 사회에서 맡은 전문기관에서 하되 우리는 아이들의 회복에 대해서 역할을 맡아야 되지 않을까하는 생각을 하고 있었는데 말씀하신 뜻을 누구보다도 공감하고 이해하고 있습니다.

다행입니다.

교복문화, 자율과 통제 사이

인권에 대한 언급을 잠깐 하시니 말씀드리고 싶은 게 있는데, 요즘 학생들의 인권과 자율은 예전보다는 사실 많이 존중되고 있는 편이라고 생각합니다만 저는 이걸 교복문화와 함께 연관지어 얘기를 나눠보고 싶습니다. 입학할 때부터 아이들 교복이 많이 짧고 타이트하거든요. 그래서 아이들이 제일 많이 얘기하는 게 '선생님 저 너무 뚱뚱한가 봐요. 다이어트 해야 될 거 같아요'에요. 제가 보기엔 하나도 뚱뚱하지가 않은데 말이에요. 사실 우리 선생님들이 생활지도 하는 입장에서는 아이들이 교복을 예쁘게 입었으면 좋겠는데 이제 외모에 관심 많은 아이들이 자꾸 그렇게 입으니까 아이들도 어찌 보면 잘못된 기준 때문에 스트레스를 많이 받고 있다고 생각하거든요. 하지만 선생님들이 아이들 복장에 대해 그런 문제점을 지적 하는 것도 예전에 비해서 말하기가 조심스러워요. 그런데 아이들은 사실 이런 상황들로 인해 갈등도 생기고 하는 일이 많아요.

중학생도 그렇습니까?

네, 그렇죠. 오히려 가장 관심이 많을 때가 아닌가 싶어요. 그래서 이사장님은 요즘 교복문화에 대해서 어떻게 생각하고 계신지….

교사와 학생의 '갈등'
악순환의 고리는 아주 작은 곳에서 시작된다

저도 예전에 학생부 담당이어서 교문도 지키고 치마 타이트하게 입거나 입술 진하게 바르고 오면 지도도 했던 것 같은데 사실 이

제는 모든 게 많이 바뀌었죠. 결론부터 말하자면 우리 학생들의 교복자율화 부분은 학교의 구성원들이 함께 결정하면 좋겠다는 것입니다. 방금 말씀하신 교복이 너무 타이트하다거나 하는 문제들은 어느 정도는 융통성을 가져야 한다고 생각해요. 그렇지 않으면 그것으로 인해 또다른 갈등이 시작되거든요. 학교에서 아침부터 서로 얼굴 붉히고, 그러다보니 불만인 학생들이 교사에게 대들고, 교사가 욕설을 한다든가 서로 고발하고, 교권침해가 된다고 난리가 나잖아요. 단순히 그럴지도 모른다가 아니라 우리 주변에서 빈번하게 이런 일이 일어나고 있습니다. 원래 악순환의 고리라는 게 아주 작은 데서 시작하는 겁니다.

그래서 저는 그런 규제부분들은 과감하게 풀 수 있어야 한다고 봅니다. 특히 학교라는 곳에서 민주적으로 사회적 합의를 통해 스스로 풀어가야 할 겁니다. 말씀하신 부분들은 아이들이 외모에 관심을 갖다보니 생기는 일이기도 하지만 사실 교복이라는 게 아이들이 성장하면서 맞지 않게 되는 경우가 허다하잖아요. 실제 비용을 보면 가정형편이 어려워 부담스러운 학생들도 많을테고, 중학교 뿐만 아니라 고등학교까지 무상교육이 되어야 하고, 교복도 무상교복의 방향으로 가서 모두 그로 인해 어려움을 겪는 학생들이 없어졌으면 한다는 게 제 생각입니다. 교복 부분에 대해서는 저는 융통성을 갖고 대해야 한다는 입장이죠. 사실. 며칠 전 한 학생을 만나 얘기를 나누면서 들은 얘기만 해도 그렇습니다. 추울 때 교복 위에 외투를 입잖아요. 그걸 많은 학교에서 제재를 한다고 하더라고요. 지금 제가 있는 학교는 사실 그런 부분에 대해서는 열려있는데 이런 부분을 일률적으로 통제하는 것은 바람직하지 못하다고 생각해요. 우리도 알다시피 사람에 따라, 상황에 따라, 체질에 따라 다 다른 거 아닙니까? 그걸 우리가 알고 있기에 어느 정도는 융통성을 갖고, 상황에 맞는 맞춤식 지도를 하는 것이 맞다고 보는 겁니다.

협의로 해결될 일을 규제로 막을 필요는 없다

 네, 학교에서 교복 때문에 일방적으로 제재를 가하다보면 문제가 생기는 게 사실이죠. 그렇지만 완전히 내버려둘 수도 없고, 그렇다고 혼자만 제재를 가할 수도 없지 않은가 하는 생각으로 고민하는 선생님들도 계세요. 그런 걸 보면서 저는 차라리 교복이 없었으면 좋겠다. 자율화가 되면 오히려 더 좋지 않을까도 생각을 했었거든요.

저도 학생부에 있을 때를 생각해보면 공정성이나 형평성의 입장에서 가능하면 규칙대로, 있는대로 하려 했지만, 사실 그러다 보면 몇몇 선생님들과 학생들 사이에서 갈등이 생기곤 합니다. 서로 싫은 소리를 주고받으면서 그 선생은 나중에 학생들에게 지적질이나 하는 사람이 되 버리고, 그런 일이 오래되다 보면 선생으로서 지쳐버리게 되는 거죠.

 그렇죠.

자신이 결정하고 책임지는 학교 자치, 그것이 민주시민교육의 핵심

대담자 | 경윤영, 이성균

학교자치와 민주시민교육

 그래서 이 부분에 대해서는 가능하면 규제를 푸는 것, 그리고 규제를 풀되, 아까 얘기했듯 자치적으로 결정해서 구성원들이 하는 것. 그것을 제안하고 싶어요.

 네, 좋을 거 같아요. 학교 구성원들이 같이 자치적으로 어떤 규제를 할 것인가 말 것인가를 결정한다는 거잖아요.

 사실 생활지도 할 때 딜레마가 생기는 일이 바로 이 규제가 있을 때거든요.

그렇죠.

 교사입장에서는 어떤 교칙이 있으면, 거기에 따라서 통제를 하고 규제를 해야 하는 입장인데 이게 일률적으로 이뤄지지 않다보니까 차라리 없었으면 하는 생각이 실제 많이 들긴 하죠. 없으면 아예 통제를 안 하면 되니까.

 지금도 많이 하고 있겠지만 그래서 교칙 만들 때 학생들이 교칙개정에 참여할 수 있도록 하면 그것을 통해서 자신들이 참여하여 내린 결정에 대해서 책임지는 태도를 배우게 되고, 그게 바로 학교 자치잖아요. 그런데 지금 우리 현실은 이런 공동의 협의 없이 교사, 학부모의 잣대로 아이들을 바라보면서 통제의 관점을 갖고 있기 때문에 계속해서 갈등이 생겨나는 겁니다.

학생들 자신이 필요한 것이 있다면 운영위원회 가서도 학생관련 사안에 대해서는 학생들의 대의를 모아서 전달할 수도 있어야 되고, 특히 학생의 신상에 관련된 것과 생활에 관련된 학생 생활지도 규칙부분들은 학생들이 주도가 되어서 하면 좋겠다는 생각이 들죠. 경윤영 선생님 생각은 어떠신가요?

 맞아요. 저도 학생 생활 지도 규약이 학생 주도가 되어야 한다는 점에서는 말씀하신 부분에 전적으로 동의하고 있어요.

 요즘 계속 민주적 학교 문화라고 얘기들은 많이 하지만 아무래도

전통적으로 하향식 의견전달, 주입식, 암기식 교육에만 익숙해지다 보니까 단번에 변화를 꾀할 수는 없을지 몰라도 만일 이런 의견들이 상향식으로 올라가서 자기들이 내세운 의견이 교칙으로 제정이 되고 하면 더 잘 지키겠죠. 자기들이 만든 거니까 훨씬 다르겠죠.

그것이 바로 저를 포함한 우리 선생님들이 말하는 민주시민 교육입니다. 이러한 교육을 통해 민주시민의 역량을 가르쳐야 합니다. 그것이 민주시민 교육의 핵심이겠죠. 민주시민 교육이라는 게 교과과정에 녹아서 하는 것도 중요하지만 이렇게 학교생활에서 자신이 직접 결정하고, 그렇게 결정된 사항에 대해서는 책임을 갖는 자세, 학교자치에서는 이것이 바로 핵심이라고 생각합니다.

학교 내 휴대폰 사용 문제

교복 얘기가 나왔으니 아이들에게 교복만큼 민감한 사안얘기를 해야겠다는 생각이 듭니다. 모두 공감하시겠지만 바로 휴대폰이죠. 휴대폰으로 인해서 학교, 교실에서 일어나는 일들이 굉장히 다양하게 나타납니다. 제일 많은 문제는 수업 중에 스마트 폰을 쓰다가 선생님께 걸려서 그걸 압수하고 돌려주는 일들인데 사실 이 과정에서 아이들과 실랑이가 생깁니다.

압니다. 엄청 많죠.

 그 실랑이가, 어찌보면 작은 일이 나중에 크게 번지는 경우가 허다합니다. 학생이 선생님에게 대들기도 하고 감정이 상하기도 하고, 그런 문제가 자꾸 생기니 학교에서 이제 자체적으로 교칙을 정하기도 합니다. 수업 일과시간에는 휴대폰을 수거했다가 방과후 종례시간에 나눠주는 식으로 하는데, 이때도 문제가 있습니다. 이사장님께서도 학교현장에 계시니 잘 아시겠지만 바로 분실 시 책임소재에 대한 거거든요. 제가 알기로는 1차적으로는 담임 선생님이 사비로 이를 해결하는 경우가 많다고 해요. 그런 걸 보고 있으면 정말 스마트폰을 걷고 싶지 않아집니다. 요즘 스마트폰 가격이 비싸잖아요. 만일 30명 정도 되는 학생들의 스마트폰이 분실되었다고 생각해보면 이건 정말 경제적 부담이 커져버리거든요. 이런 문제들을 보완할 수 있는 제도가 없으니 결국 많은 문제들이 휴대폰 하나로 야기되어버립니다. 학생들 스마트폰 소지에 대해서 어떻게 생각하시는지 궁금합니다. 이사장님도 학교에 계셨으니까.

 지금도 학교에 있습니다. (웃음)

 아, 네. 죄송합니다.(웃음) 이사장님도 학교에 계시니까 거기에 대해 어떻게 생각을 하시는지, 그리고 좀 전에 규제를 완화하는 쪽으로 가신다고 하셨으니 그렇게 풀어줬을 때 파생되는 문제들에 대해서는 어떻게 해결을 하는 게 좋은지도 궁금합니다. 휴대폰 때문에 아이들과의 감정적인 싸움. 선생님의 휴대폰 분실, 이게 사실 휴대폰으로 생기는 문제의 거의 대부분이거든요.

무조건적 규제보다는
'자율'을 가르치는 방향이 되어야

 저는 모바일 과학고에 근무하고 있잖아요. 다시 말하면 휴대폰 과학고잖아요.(웃음) 그런데 사실 우리 학교도 휴대폰을 다 걷었습니다. '모바일'인데 말입니다. 모바일을 디자인하고 배우고, 프로그램을 만드는데 계속 만지고 있어도 모자를 판에 휴대폰을 걷어서 통제한다니 말이 됩니까? 제가 학교에 가면서 이 부분에 대해서 문제제기를 했었고 결국 우리 학교는 안 걷는 걸로 합의를 했죠. 그런데 학생들이 휴대폰들을 들고 있다 보니 떠들지는 않는데 수업시간에 다른 학교 학생하고 SNS를 하거나, 게임을 하고 어떨 때는 잠자는 것만큼이나 교실이 조용합니다. (웃음) 제가 현장에 있으니까 늘 보잖아요. 물론 수업진행을 할 때 전문용어를 검색한다거나 관련 자료들을 그 자리에서 빠르게 찾아볼 수 있기도 하는 이점도 많은 것이 사실이지만 지금 말씀하신 문제도 발생합니다. 수업시간에 휴대폰을 갖게 되면서 선생님들하고 학생들 사이에 실랑이가 많이 생기는 것이 사실입니다. 저 같은 경우는 이런 문제들을 아이들과 어느 정도의 규칙을 정해 서로 자제하도록 하고 있는 식으로 임기응변을 하고 있긴 한데 실제 많은 선생님들이 휴대폰 때문에 학생들하고 갈등을 빚는 것도 사실입니다.

사실 휴대폰이라는 게 하나의 개인 사물이고 요즘에는 쉬는 시간에도 학생들이 소통을 해야 하는 부분을 고려한다면 아이들에게 돌려주는 게 맞다고 봅니다. 다만 그것은 아이들에게 자율을 가르치는 방법으로 되어야 한다는 전제하에서 말입니다. 그렇지 못할 때는 어떻게 하겠다라는 서로 협의된 기준사항을 만드는 겁니다. 학교, 교사, 학생, 학부모가 함께 수긍하는 긍정적 제재라고 할까요? 시험을 볼 때 같은 경우는 당연히 보관을 해야 하잖아요. 학교에서 일률적으로 할 때는 학교가 책임을 지는 게 맞습니다. 반별로 보관하고 관리하고 하는 데 또 인력이 필요한 것도 사실입니다. 결국 이것도 교사들이 학생들을 위해 시간을 보내는 것을 저해하는 방해요소, 즉 잡무가 될 확률이 높지만 말이죠. 학교에서 보관할 거면 학교가 보험을 든다던가 해서 책임을 지는 게 맞습니다. 그럴 자신이 없으면 학생에게 돌려주는 게 옳다는 생각입니다, 저는.

 그러니까 휴대폰 소지 여부를 학생 자율에 맡기겠다 말씀하시는 거죠?

 네. 그렇죠.

 말씀하신 것처럼 학교에서도 아이들의 휴대폰을 걷으려면 보험을 들고 한다든가 대책을 강구하면서 해야 되는데 실제 그런 것까지는 관리자들이 생각을 안 하고 일단 걷기부터 하는 식이 되다 보니 결국 담임 선생님들의 부담이 되는 거죠.

그래서 학교에서 휴대폰으로 생기는 여러 문제들을 종합적으로 볼 때 결국 학생들이 자율적으로 관리하고 통제하면서, 올바르게 스마트폰을 사용할 수 있도록, 학생 스스로 해 나갈 수 있도록 학교가 가르쳐야 한다고 생각합니다. 언제까지 붙들고 그저 막기만 하겠습니까? 방학기간에는 학교에 없으니까 학교 소관이 아니니 괜찮다? 그럼 방학에는 학부모님들이 집에서 압수를 해야 할까요? 그렇게 할 수 없는 게 당연하지 않습니까. 그러니 지금 시대 상황에 걸맞지 않는 무조건적인 규제는 아무런 대안이 되지 않는다는 겁니다. 결국 학생들이 올바르게 사용할 수 있도록 학교가 가르치고, 도와야 하는 게 맞습니다. 이상적인 이야기로만 생각할 수도 있겠지만 이건 이상이 아닙니다. 우리가 함께 할 수 있는 일입니다. 압수하는 것처럼 당장에 효과를 볼 수는 없겠지만 멀리 보면 결국 압수 자체는 문제만 증가시킬 뿐 아무런 답이 되지 않는다고 생각합니다.

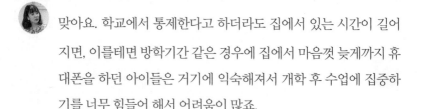 맞아요. 학교에서 통제한다고 하더라도 집에서 있는 시간이 길어지면, 이를테면 방학기간 같은 경우에 집에서 마음껏 늦게까지 휴대폰을 하던 아이들은 거기에 익숙해져서 개학 후 수업에 집중하기를 너무 힘들어 해서 어려움이 많죠.

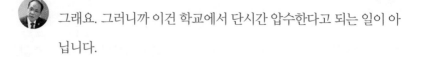 그래요. 그러니까 이건 학교에서 단시간 압수한다고 되는 일이 아닙니다.

아이들이 스마트폰을 통해 보는 영상이나 게임, 자극적인 것들에 익숙해져 있는 상태에서 활자 위주인 교과서로 수업 하기 정말 힘이 드는 게 사실입니다. 반면에 오히려 선생님들이 다양한 수업방법을 연구하게 되는 동기가 되는 것 같아요. 그러나 일반적인 경우 말고 중독 수준의 사용은 사실상 여러 문제를 야기하고 있다는 생각이 들어요. 이런 문제들에 대해서는 어쩌면 교육청이나 정부 차원에서 대안을 제시해 줘야 하는 것 아닐까요?

맞습니다. 21세기는 21세기에 맞는 교육을 시켜야 할 것입니다. 경기도 교육청에서도 많은 연구를 하고 있겠지만 여전히 교육제도가 실제상황을 못 따라 가는 것이 현실입니다. 스마트폰이 주류가 된 세상이 왔는데 여전히 스마트폰을 규제한다면 그것은 시대착오적인 생각인 것입니다. 오히려 스마트폰을 이용해서 어떻게 새로운 교육을 시킬 것인가에 대한 고민을 하는 것이 맞습니다. 급변하는 사회에서 수업방법에 대한 연구를 일선 선생님들에게 맡기지 말고 교육청이나 정부에서 체계적으로 연구를 해야 할 것입니다. 정부와 교육청은 선생님들의 수업방법 개선을 위한 다양한 방법을 제시하거나 선생님들의 재교육에 많은 신경을 써야 할 것입니다.

'자율적 야자폐지' 자율적인가?

자율에 대한 이야기가 나온 김에 경기도 야간 자율학습에 대해서

잠시 얘기를 나누면 좋겠다는 생각이 듭니다. (웃음) 사실 이게 아이들에게 있어서는 굉장히 심각했던 문제였었거든요. 방과 후에 학생들의 자유로운 교육활동을 보장한다는 명목 하에 사실상 학교에 석식을 제한한 게 사실입니다. 석식을 제한함으로써 사실상 야간 자율학습 폐지라는 정책을 추진했고요. 물론 그 과정에서 여론을 의식한 나머지 학교의 자율에 맡긴다고는 했지만 실질적으로는 폐지에 가까웠다고 봅니다. 소위 '야자폐지'에 대해서는 어떻게 생각하시는지 듣고 싶습니다.

학생의 삶을 위해서는 찬성, 그러나 학생의 의견 수용 없는 일률 폐지는 문제

 이 문제는 제가 가장 관심을 가지고 있는 분야이기도 합니다. 급식운동을 하니까 아무래도 야자폐지와 석식 부분이 떼어놓고 볼 수는 없으니까요. 지금 이 자리에서 다 논의하기에 시간이 부족할 정도로 할 말은 많습니다. 사실, 세세한 부분에 관해서는 또 얘기할 기회가 있으리라고 보고 오늘은 궁금해 하시는 부분에 대한 걸 말씀드려야 할 것 같습니다.

일단 학생들의 건강할 권리랄까요. 학생들의 삶의 질을 높이기 위해서라면 지금 이재정 교육감이 야간 자율학습을 강제하는 것에 대해 찬성을 하죠. 아이들에게 자율성을 준다는 부분을 찬성한다는 말입니다. 그런데 학생들 중에는 학원이나 자기 주도학습을 할 수 있는 여건과 처지가 안 되는 학생들도 있고, 또 학교에서 자율학습을 하고 싶어하는 학생들도 있습니다. 무조건 자율학습을 한다는 것이나, 강제하지 않으니 모두가 하지 않는다라는 것은 사실 좋은 방향이라고 볼 수 없습니다. 학교는 학생들이 원하는 방식을 온전히 수용하는 것이 맞다고 봅니다. 자율적이고 민주적으로 학교에서 결정된 사안을 따르면 좋았을 텐데 '일률폐지'로 간 것에 대해서는 문제가 있다고 보는 거죠.

교육 자치에 있어서 가장 중요한 것 중 하나는 '소통'이라고 생각합니다. 어떤 시범적인 준비없이 소수의 의사결정에 의해 진행된다는 것은 좋은 방법이 아닙니다. 명분이 옳다고는 하나 초중고 교육 부분들에 대한 절차적 민주주이라든가 교육구성원들의 의견을 묻지 않은 것은 매우 유감스러운 행보였다고 생각을 합니다.

만족도 높은 자유학기제, 자유학년제 그 안에도 문제는 있다

 저는 자유학기제나 자유학년제에 대한 말씀도 드리고 싶은데요. 지금 중학생들 대상으로 자유학기제와 자유학년제가 운영되고 있습니다. 사실 아이들은 굉장히 만족도가 좋은 편이에요. 일부 선생님들이나 학부모님들의 반대도 있긴 하지만 전반적으로 아이들은 교과 이외에 다양한 활동을 해본다 라는 점에서는 긍정적인 반응이거든요. 그런데 그 활동들이 좋은 것도 있긴 하지만 외부에서 검증되지 않은 활동들이 들어온다든가 또 아이들이 바라는 다양한 활동을 지원한다는 게 사실 어려운 부분이 많아요. 선생님들은 교육과정 중심으로 가르치는 것이 먼저라 생각하니 본인의 전공과목 이외에 대한 수업에 부담을 가질 수밖에 없거든요. 자유학기제나 자유학년제로 인해 생기는 문제점에 대해서는 어떻게 생각하고 계시는지….

전문성 있는 교사양성으로 내실을 다지고, 지속가능한 방안을 고민해야 한다

박근혜 정부의 교육정책 부분들은 어떻게 보면 소통 없는, 일방적 정책이었다고 봅니다. 그러다 보니 우리 교육을 갈등의 상황으로 더 몰고 갔다고 할 수 있죠. 물론 얘기하자면 여러 문제가 있겠지만 그나마 성공한 부분이 자유학기제라고 보고 이 부분은 긍정적으로 평가하고 있습니다. 그러나 지금 실행되고 있는 자유학년제, 자유학기제가 일회성이 아닌 지속적인 과정과 결과물을 가지려면 결국 교육당국과 학교가 끊임없이 고민해야 합니다. 현재 입시제도 속에서 현존하는 자유학기제의 안전한 실현, 내실을 다지는 건 여전히 쉽지는 않다 보고 있습니다. 방금 말씀하신 검증되지 않은 프로그램 문제만 해도 그렇습니다. 상업주의에 물들어 있는 건 아닌가 할 정도로 교육적 기능보다는 흥미 위주, 흥행 위주의 프로그램은 지양해야 합니다. 가장 중요한 건 어떻게 보면 교사 양성이라고 생각해요. 교사양성 부분에서 통합교육, 융합교육이랄까 인문과 자연과학 같은 분야들을 함께 아우를 수 있는 그런 실력 있는 전문성 있는 교사를 양성해야만 이것이 지속가능하다고 생각하는 겁니다.

특목고,
명문대로 가는 디딤돌인가?

 중학생들이 고입 때 나오는, 가장 이슈가 되고 있는 문제가 바로 과학고, 외고 같은 특목고잖아요. 특히 외고 같은 경우에는 존립자체의 여부가 요즘 핫한 이슈지요.

 그렇죠.

 공립은 그나마 외고 안에 자연계가 편성이 안 되니까 그렇긴 하지만 어떤 사립고의 경우는 의대까지 진학을 하는 경우가 많은데 사실 이런 것들이 외고의 목적과는 안 맞는 거잖아요. 결국 특목고라는 데가 단지 명문대를 진학하기 위한 디딤돌의 역할을 하고 있거든요. 원래 설립목적은 그게 아닌데 말입니다. 실제로 일선 학교에서도 '특목고를 폐지해야 한다'라는 논제로 토론대회를 많이 하고 있습니다. 특목고의 존치여부, 어떻게 생각하고 계시는지 궁금합니다.

서열화 입시교육,
출발부터가 잘못되었다

그것에 대해서는 저는 확실합니다.(웃음) 폐지시켜야 한다고 생각하죠. 우리가 지금 입시문제를 놓고 많은 이야기들을 하고 있습니다만 실상은 유치원부터 입시가 시작되고 있는 거나 다름없습니다. 유치원부터 제일 좋은 유치원에 가게 하려고 쟁탈전을 하고, 그게 초등학교로 이어지고, 국제중학교나 특목고를 가기 위한 단계처럼 되어 있잖아요. 즐겁게 뛰어놀고 건강하게 성장해야 할 우리 아이들이 사회기득권을 향해 이런 전쟁같은 상황을 겪고 있으니, 정신적 육체적 건강이나 바른 성장, 또 이런 상황에서 아이들에게 이타주의가 생길 수 있겠습니까?

제가 말하고 싶은 건 교육의 첫 출발부터가 잘못되었다는 겁니다. 이렇게 잘못된 출발에서 시작된 서열화 입시교육의 정점이라고 할까 사교육 유발의 정점이 바로 특목고나 외고, 자사고입니다. 제 생각에 이는 당연히 폐지되어야 되고. 이를 통해서 특권층을 만들어 내고 교육의 양극화를 만들어내는, 교육의 불평등이 결국 사회의 불평등을 만들어 내는 겁니다. 그러니 당연히 폐지해야한다는 입장입니다.

특권교육이 사라져야
공교육이 정상화된다

 그렇군요. 저도 동감합니다. 하지만 지금 당장….

우리는 일반계고등학교의 공동화나 교실 붕괴이야기를 많이들 하죠. 일반계 고등학교를 정상화시키는 방법 중 하나도 결국 '특목고의 폐지'가 되리라 생각합니다. 그렇지만 당장에 폐지를 한 다면 역시 또 다른 분란을 일으키게 되겠지요. 그러니까 이를 위한 여러 방법으로 국회의 법제정도 할 수 있고, 선(先) 선발을 없애고 일반계고와 함께 선발하는 것도 방법이 될 수 있습니다. 저역시 이에 대해서는 상당 부분 찬성하는 입장입니다. 또 특목고 같은 경우 4년마다 재지정 받는 부분이 있으니까 재지정 받을 때쯤 방법과 절차에 따라서 정확하게 평가해야 한다고 봅니다. 그리고 지금이라도 폐지를 희망하는 학교들은 우선적으로 받아들이는 겁니다. 물론 거기에 따른 정부의 지원도 있어야 겠죠. 이명박 정부에서부터 심화된 우리의 특권교육 부분들은 반드시 사라져야 된다고 봅니다. 공교육의 정상화를 위해서라도.

성과 위주의 교육행정보다 현장중심으로의 체제 개편

대담자 | 경윤영, 이성균

'수월성 교육'

그러니까 순차적으로 축소해 나가면서 종국에는 폐지단계까지 나아가는 것이 목적이다 라는 말씀이신 거죠? 그럼에도 불구하고 일각에서는 '수월성 교육'의 효과도 무시할 수 없다는 의견도 많은 것으로 알고 있습니다. 사실 수월성 교육의 효과를 알고 있는데 그걸 굳이 또 폐지를 해야 되는가 하는 의문을 제기하시는 거라고 보는데요.

물론 과학고나 영재학교 같은 부분들은 전문 인력이나 국가 인재 양성을 위해서 있어야 한다는 입장이지만 지금 현재 외국어만 보더라도 영어뿐 아니라 많은 언어로 다양화되어 있지 않습니까? 학교 안에서 교육과정을 만들어 충분히 할 수 있다고 봅니다. 그리고 지금 교육부에서 추진하고 있는 고교학점제도 그렇고요. 외국어에 진짜로 능통한 외교전문가를 양성하려면 그 부분은 정부의 지원을 통해 전문적인 교사를 충원해서 진로까지도 책임지는 그런 시스템이 되면 가능하다고 생각합니다. 특정 소수만이 들어가고, 입시혜택을 받고, 그로 인해 신분상승 효과를 누린다는 건 21세기와는 맞지 않는 사고방식이죠.

 이 얘기와 연장선상에서 한 가지 더 말씀드리자면 지금 어쨌든 대한민국의 입시경쟁은 전 세계적으로 이미 '과열'로 유명한데요. 거기에 우리나라는 매번 바뀌는 입시제도로 불안정하기 때문에 학년별로 문제가 많다고 보고 있습니다. 중학생은 내가 대학갈 때는 어떻게 바뀔지 몰라서 불안해 하고, 고등학생은 지금 당장 수시로 변하는 대입제도 때문에 혼란스러워 하는 등 대한민국의 모든 학생들이 그리고 학부모들이 걱정을 많이 하고 있습니다. 거기다 또 현장에서는 생기부 부풀리기, '자소서'가 아닌 '자소설' 등의 이야기까지도 들리고, '수상 몰아주기'도 벌어지고 있는 상황입니다. 범위가 좀 넓은 이야기가 될 수 있겠지만 혹시 입시제도에 대한 생각도 들어보고 싶은데 말씀해 주실 수 있으신지요.

교육은 정치를 뛰어넘는 백년대계(百年大計)가 되어야 한다

 정권이 바뀔 때마다 입시제도나 교육의 변화를 살펴보면 국외의 사례를 봐도 그렇고 우리나라도 그렇고 제가 보기엔 결국 교육이 정치에 휘둘리는 것이라고 생각합니다. 물론 정치이데올로기를 교육에 활용하는 것이라는 것도 인정합니다만. 우리 헌법에도 보장되어 있지만 교육활동은 정치적 중립을 지켜야 합니다. 그 래야만 진보정권이든 보수정권이든지 간에 '교육은 백년지대계' 라는 입장에서 예측 가능하게 쭉 인재가 양성되고 만들어가는 게 되어야 하는데 우리나라는 그 부분에서 계속 흔들리잖아요. 그 리고 우리가 요구하는 것이 바로 정치에 중립할 수 있고 정권이 바뀌어도 흔들리지 않을 중립적 기관, 예를 들어 '국가교육회의' 와 같은 초정부적인 기관이 필요하다는 겁니다. 진정한 교육 전 문가들이 지속적으로 정해진 방향성을 향해 매진하여 나중에 어 떤 교육 정책을 만들어내도 서로 상보할 수 있도록 사회적 합의 를 만들어내는 것들이 희망이죠.

우리의 입시 제도를 다른 말로 하면 결국 '대학'입니다. 대학이 서 열화되어 있는 한, 중학교, 고등학교 교육의 정상화는 모래 위에 성을 쌓는 것과 똑같다고 생각합니다. 따라서 대학을 쉽게 갈 수 있고, 어느 대학을 나오더라도 취업 걱정이 없어야 하며, 사회에 서 차별받지 않는 그런 사회적 분위기를 만들어야 합니다.

이를 위해 국립대학들, 즉 거점이 되는 국립대학들을 묶어서 공 동선발하고 공동학위를 주는 방법이 있을 수 있습니다. 그게 어렵다면 특정 대학이 제외된다고 하더라도 나머지 대학들의 교수들과 학생들이 학점을 교류하는 방식으로 대학사회의 벽을 허물어야 합니다. 소위 일류대학이라고 불리는 대학들이 먼저 동참해야 하고, 나머지 사립대들도 공영형 사립대 형식으로 바꾸면 이를 국가에서 지원하고 일정 부분 서로 협력하며 국가의 입시정책을 따를 수 있도록 만들어 가는 등의 교육개혁이 필요하다는 생각입니다.

대학 입학은 공부의 끝이 아니라 진정한 자기 공부의 시작

저 역시도 대학생 때 그랬다고 할 수 있는데, 가르치다 보면 아이들은 일단 대학을 가면 다 끝나는 줄 알고 있어요. '입학과 동시에 나는 해방이다'라는 거죠. 어떻게 보면 대학에 가서가 진정한 자신의 공부의 시작이라고 할 수 있는데요. 말 그대로 전공을 하는 과정인데 거기서 놀아버리니까…. 어떤 교수님이 그런 말씀을 하시더군요. 학생들이 대학에 와서 놀기 때문에 사회경쟁력이 떨어진다고. 우리나라 아이들은 고등학생 때까지 정말 뛰어났다가 대학에 오면 못하는지. 대학와서 자신의 역량을 쌓아서 사회에 나가 인재로서 살아가게 하는 게 중요한데 대학와서 목표도 없이 그냥 해방감에 놀다보니 오히려 고등학교 때보다도 능력이 없다고도 합니다. 저는 이런 점에 대한 고민이 많이 필요하다고 생각합니다.

아, 그런 당연한 이야깁니다. 그러니 '대학무용론'이라는 말까지 나오고 있지 않습니까? 지금처럼 대학 진학률만 높이는 양상은 학생들이 교육을 통해 자신의 삶과 미래를 꾸려나가는 데 도움이 되지 않는 거죠. 정말 심각하게 고민해야 할 부분입니다. 얼마 전에 학부모님들과 경기도 내의 대·중소기업들과 교육청이 MOU를 체결하여, 학교에서도 적극적으로 직업교육을 할 필요가 있다는 이야기를 나눈 적이 있습니다. 그래서 굳이 대학을 졸업하지 않더라도 정규직이 될 수 있는 기반을 만들어 주고, 동시에 대입경쟁도 완화하는 등의 사회적·교육적 책임을 교육청이 짊어져야 한다고 말입니다. 교육감의 역할을 예로 들어보자면, 지금보다 더 적극적으로 학교들, 대학총장들, 학부모들을 수시로 만나서 협의하고 개선해나가야 한다고 생각합니다. 우리 아이들은 수능 없이도 대학에 간다. 진정한 혁신수업을 하고 있다. 학교들도 나서서 입시경쟁을 완화하자 등등 이렇게 계속적으로 노력하다보면 '아, 이제 좀 바뀌어 지는구나'하고 모든 교육주체들이 인지하게 될 겁니다. 이것 역시 교육감이 해야할 하나의 역할이라고 생각합니다.

학부모와 마찬가지로 교사도 가장 중요한 교육주체입니다. 학생들에 대한 것도 물론 중요하지만 교사로서, 학생들의 선생님으로서의 삶에 대해서는 어떻습니까? 저 역시 오래도록 학생들을 가르쳐오면서 많은 일들이 있었는데, 이 자리에 오시면서 두 분 선생님들도 무척 많은 이야기들을 마음에 담고 오셨으리라 생각합

니다. 아닙니까?(웃음)

 네, 맞아요. 이사장님을 뵙고, 지금 교사들의 현황에 대해서도 이야기를 나누고, 또 같은 일을 하는 선배님으로서 조언도 들을 수 있으리라 기대하며 왔지요.(웃음)

 기대를 하셨다니 갑자기 걱정이 됩니다. 뭔가 조금이라도 도움이 되어야 할 텐데 말입니다.

교사 업무 경감의 현실

 먼저 말씀을 꺼내주셨으니 제가 여쭙겠습니다.(웃음) 요즘은 교사들의 업무경감을 위해서 수요일을 공문 없는 날로 지정하기도 하고, 국회의원 요구 자료도 사실상 많이 줄어들었거든요, 그래서 많은 부분 업무량이 줄었다고들 하지만 선생님들이 학교 현장에서 느끼는 체감 업무는 그렇게 많이 줄진 않았다는 게 현실입니다. 행정 실무사 선생님들이 많이 해주신다고는 하지만 어디까지가 그 분들의 업무인지가 확실하게 정해지지가 않아서 그것에 대한 혼란도 일선에서는 많이 일어나고 있습니다.

**성과 위주의 교육행정보다
현장중심으로의 체제 개편이 시급**

저도 학교 현장에 있으니 많이 공감이 되는 부분입니다. 수요일에 공문이 내려오지 않더라도 결국 해야 할 것들은 다 한다는 거죠. 거기다 일은 계속 늘어나는데 인력 축소 같은 부분까지 더해지니 말입니다. 예를 들어 기간제 교사만 하더라도 재정 부족이라는 이유로 계속 줄이고, 행정 실무사도 안 뽑고 했지 않습니까? 또 아시다시피 '나이스(NEIS)'도 결국은 교사들에게 일을 가중시킨 결과를 낳았다고 볼 수 있고. 이런 부분들이 더해지니 교사들이 수업과 학습에, 학생들 생활지도에 중점을 둬야 하는데 그게 어려워지는 겁니다. 교사의 업무과중은 교육의 질 저하로 이어지는 직접적 방해요소입니다. 하루빨리 우리나라의 이러한 성과 위주, 실적 위주의 교육행정이 바뀌어야 합니다. 예를 들어 경기도 교육청에 있는 일반직의 경우는 각 교육지원청으로 내린다든지 해서 부서 체계도 현장중심으로 개편해서 학교를 지원하는 기능으로 가야 된다고 생각합니다. 제일 중요한 것은 교육재정을 확보해서 인력을 확보하는 것인데, 현실적으로 봐서는 쉽지 않은 일입니다.

교육행정이 현장 중심의 방향으로 가야한다는 말씀인거죠.

그렇죠, 지원과 함께 교육 조직을 개편해야 된다는 말입니다.

교사를 존중해야
교육이 살아난다

전 좀 다른 얘기를 할까 하는데요. 과거에 비해, 교사의 평가권의 위상이 높아진 것도 사실이라고 생각해요. 예전에 비해서 평가 방식도 많이 변했고, 수행평가 비중도 확대되었고, 그것으로 인해서 수업도 다양화 되고 있고요. 그런데 사실 저희가 평가를 하면서 느끼는 것은 '평가'는 '교사의 고유권한'이 아니었던가하는 의문이에요. 그럼에도 불구하고 교사의 평가에 대해서 학부모들의 민원이 정말 많습니다. 시험을 봤을 때 성적이 나쁘다는 이유, 또 시험 문제가 정말 맞는 것인지 확인하는 일들이 빈번하게 일어나고, 그뿐 아니라 생활기록부에 이미 기록한 내용을 아이가 상급 학교에 갈 때 좋지 않다는 이유로 지워달라는 식의 민원이 많이 발생을 하거든요. 그런데 이렇게 교사들에게 민원이 오게 되면 또 관리자 분들은 그것에 대해 신경을 안 쓸 수가 없다는 입장이시죠.

교사의 평가권이 많이 돌아왔다는 말씀도 그렇고, 수행평가나 각종 평가 부분에 대해서 과거에 비해 교사의 권한이 늘어난 것은 사실입니다. 하지만 충분하다고 생각하지는 않습니다. 앞으로도 교사의 평가권을 존중해주는 제도적 기반이 확보되어야 한다고 생각합니다. 예를 들면 학기 초에 교육청에서 평가 계획을 수립하도록 하는 것도 일정한 규정에 맞추도록 하는 것이 필요하겠지만 가급적 학교별, 학년별, 교과별 특성이 잘 반영되도록 교사의 평가에 대한 자율적 판단을 존중해 주는 방향의 지원이 필요하다고 봅니다. 대신 오답, 정답을 잘못 채점했거나 부정으로 썼거나, 사실과 다르게 썼거나 하는 부분들은 교사의 양심에 맡겨야 되고 수정되어야 되는 건 당연하지만 개인적으로는 교사가 평가한 부분에 대해서 만큼은 성역으로 지켜져야 된다고 생각합니다. 그걸 가능하게 해야 할 책임이 있는 것이 바로 교육청, 교육감, 교장의 역할인 겁니다.

말씀하신 것 같은 일들로 민원이 제기되어서 교권이 상하는 경우가 있잖아요. 그럴 때는 교권 관련 전담변호사를 시군교육청에서 만들거나 해서 가깝게 지원할 수 있도록 해야 하는 겁니다. 예를들어 경기도에 고문변호사 몇 사람으로 구색만 갖출 것이 아니라, 안산교육청에 변호사 몇 사람이 상임으로 해서 평가권을 보호할 수 있게 하고, 또 학부모로부터의 적잖은 고소 고발 이런 부분에서도 교육에 전념할 수 있도록 해방시켜 주고 하는 것들 말입니다. 이는 어떻게 보면 교사의 자존감을 회복해주는, 그런 역할을 해야 된다는 거죠.

네, 말씀하신 대로 되면 정말 좋을 것 같아요. 사실 민원 전화가 왔을 때 당황스럽기도 하고, 최대한 신중하게 발언을 하게 되는데, 간혹 학부모들께서 거칠게 나오실 때는 정말 이런 얘기까지 들어야 하나 라는 자괴감이 들 때가 있어요.

교원평가의 이면

이제 화제를 바꿔서 교원평가에 대한 예기를 좀 나눠보고 싶은데요, 교원평가가 사실 큰 의미는 없다고는 하지만 아이들이나 학부모님들이 쓰시는 그 단 한 줄의 말 때문에 굉장히 마음 상할 때가 있긴 하거든요. 물론 좋은 말들을 해주셔서 힘이 될 때도 많지만 언젠가부터 이 교원평가라는 것이 처음의 의도와는 달리 일종의 '일'이 되어버린 것 같아요. 해당 시기가 되면, 소개글을 쓰고 동료를 평가해야 하고, 학생·학부모에게 '교원평가'를 독려해야 하고, 그런 것들이 또 하나의 일처럼 느껴질 때가 많아요. 이사장님께서는 지금의 교원평가 제도에 대해서 어떻게 생각하시는지 궁금합니다.

'교육'을
'수치'로 계량할 수 있는가?

교원평가에 대해서는 저는 처음 만들어질 때부터 반대하는 입장이었습니다. 좋은 방법이 아니라는 거죠. 교육의 성과라는 것이 하루아침에 나오는 것이 아니잖습니까? 학생을 교육하는 부분을

계량적으로 우리가 계산할 수 있나요? 아이들이 학교에서 성장하는 것을 성적만으로 평가할 수 있습니까? 성적의 좋고 나쁨을 떠나 아이들이 교육을 통해 훌륭하게 사회에 기여하는 것을 교육의 본질, 목적으로 보는 사람도 있습니다. 조금 과격하게 표현하자면 결국 이런 방식은 자본주의적 관점으로 수치화를 통해 학생을 상품화하고, 교육을 상품화하고, 교사 역시 상품화되어 가는 것과 다를 것이 없습니다.

예전에 이런 일이 있었다고 합니다. 학생들의 생활지도를 담당하던 부장님은 아무래도 학생들에게 좋은 평가를 받기 어렵죠. 학생들이 듣기 싫은 잔소리를 많이 하기 때문이겠지요. 그런데 모 학교에서 대부분의 학생이 평가를 안했는데 공교롭게도 선생님께 혼난 아이들만 평가를 하여 이 선생님이 연수대상자가 된 경우가 있었다고 합니다. 물론 예를 든 것이긴 하지만 이것이 과연 제대로 된 평가의 기준이 되고 있는지 의구심이 들지 않을 수 없습니다. 교육력 재고가 되고 있긴 한 건가 말입니다. 학부모들의 경우만 하더라도 교사들이 수업을 어떻게 하고 있는지 일일이 알 수 있겠습니까? 모르는 부분이 많으니 학생들이 대리로 하는 경우가 생기는 겁니다. 결국 이런 부분들이 '거짓교육', '형식교육'의 모습이라고 생각하고 있는 겁니다.

교사가 바로서야, 교육이 바로 선다

이것이 실질적으로 되려면 교사의 자기평가가 될 수 있는 교육환경과 여건이 만들어져야 합니다. 그래서 교사는 끊임없이 자기 수업도 공개하고, 그러면서 같이 배우고, 부족하면 대안도 만들고, 또 학교 자치 활동에서 서로 논의를 통해서 서로 보완해내고 이런 부분들이 바로 교육자다운 시스템이 아닌가 하는 겁니다. 교사 역시 이제는 자신의 이야기를 단호하게 해야 합니다. 교사들이 중심이 되어서 교육을 위한 바른 시스템이 정립되도록 당당하고 자신 있게 학부모들도 설득해야 한다고 봅니다.

학교장은 '민주적 학교 문화의 정점'

대담자 | **경윤영, 이성균**

'민주적 학교문화'의 현실

요즘 학교민주주의라고 해서 '민주적인 교직원 회의문화 만들기' 그리고 '교육공동체 대 토론회 개최' 이런 것들 계속 열심히 얘기하고 있고, 경기도 교육청에서도 민주적 학교문화 조성을 위해 많이 힘쓰고 있다고 알고 있습니다. 그런데 실질적으로 이런 문화가 정착되려면 학교장의 의지가 굉장히 중요하다고 생각합니다. 학교장이 민주적이라면 문제가 없겠지만 권위적인 학교장인 경우에는 그 학교의 분위기는 굉장히 관료주의적으로 운영되는 것이 사실입니다. 그 이유를 곰곰이 생각해보면 학교장의 권한이 지나칠 정도로 굉장히 많은 것이 아닌가 하는 겁니다. 특히 학교장이 근무평정과 같은 인사에 결정적인 영향력을 행사하는 게 사실이잖아요. 그러다 보니 근무평정을 빌미로 교사들에게 무소불위의 권력을 행사하는 경우를 상당히 많이 목격을 합니다. 그것 때문에 항상 '예스맨'이 될 수 밖에 없는 분들도 실제로 보았습니다. 민주적인 학교 문화라는 게 '상향식 의견수렴'이 이뤄져야 하는데, 아직까지는 명령하달 위주의 '하향식 의견전달'이 대다수인 학교 현장에서 이사장님께서는 지금의 '민주적인 학교 문화 조성'이 어떻게 하면 현실화가 가능할지 여쭙고 싶습니다.

학교장은 '민주적인 학교 문화의 정점'이 되어야 한다

저도 누구보다 잘 공감하는 내용입니다. 제가 긴 시간 교육운동 하면서 부당한 권력행사로 피해를 입은 교사들의 민원을 직접 수없이 들어 왔습니다. 교사가 무슨 힘이 있겠습니까. 그래서 기자들에게 도와달라고 한 적도 있었습니다. 학교에서의 분위기를 보고 있으면, 새로 오신 교장, 교감의 성향이 민주적인 분이면 그런대로 잘 운영되다가, 다른 데로 발령이 나고 그와는 정반대의 성격을 가진 권위적인 교장이 오면 학교 안에서 민주적 문화 따위는 한순간에 무색해져버리는 일도 비일비재합니다. 결국 그 한 사람 때문에 모두가 힘들게 되는 거죠. 교사의 입장에서 그런 학교에서 근무한다는 게 큰 고통이 될 수 밖에 없습니다. 견디기 어려워 그만 두고 싶다고 하는 분들 얘기도 적잖이 들었어요. 그런데 이런 문제들이 다 어디서 시작이 되는 것일까 하고 생각해보면, 결국 학교장의 권한이 너무 크다는 데 생각이 미칩니다.

학교자치조례

 민주적인 학교문화 조성의 현실화를 말씀하시니, 결론부터 말씀 드리자면 여러 방법이 있을 수 있겠지만 저는 그 중 하나가 '학교 자치조례'의 실천이라는 생각을 합니다. 개인적인 생각이긴 하지만 아마도 지금 학교장들이 가장 반대하고 있는 일일 겁니다. 아마 지금 경기도 의회 대표의원이 발의를 하고 공청회도 하고 했는데 아직 안 되는 이유 중 하나가 이걸 테지요. 이 '학교자치조례'라는 것은 학부모회, 학생회, 교직원회의에서 나온 의견들을 수렴해서 민주적으로 결정된 것을 교장이 따르게 하는 것이 핵심입니다. 학교 내 중요한 현안에 반영되는 의사결정을 한다는 말입니다. 그러니 이것이 법제화 된다면 교장의 권한이 지금보다는 훨씬 더 제한적이 되기에 교장 입장에서는 불편한 일이 될 수 있죠. 물론 이 문제에 대해 모든 분들이 관심을 갖고 계시지는 않을 겁니다. 관심 없어 하는 선생님들도 많아요. 바쁘기도 하고, 그만큼 절실하지 않아서 일수도 있습니다. 그런데 생각해보세요. 함께 논의하고 추출해낸 의견들이 관철되고, 그로 인해 더 나은 모습으로 변화되는 걸보게 된다면 이 일의 중요성을 알게 될 겁니다. 그걸 모르니 그저현재 주어진 대로 따르는 식이 되어버리는 겁니다. 그래서 하루빨리 학교자치조례가 통과되고, 또 학교에 정착되어서 거기서 성장해가는 교육의 모습, 상호 협력하는 모습을 보게 되길 바라고 있습니다. 그것이 저는 답이라고 생각하는 거죠.

 교사 입장으로 나왔으니까 선생들의 관심사부분에 대해서 얘기를 나눠보고 싶습니다. 바로 인사부분인데요. 어느 분야에서나 승진이라는 것은 업무에 열정을 가져다주는 동기라고 할 수 있죠. 그건 명예욕이라기보다는 성취욕 측면이라고 할까요? 예를 들어 교사가 승진하면 교감, 교장이 되는데, 관리자가 되는 건 일반적으로 두 가지의 코스가 있습니다. 평점 점수를 쌓아서 자연스럽게 교감의 자격을 얻는 것이 있고, 두 번째는 교육 전문직 시험을 봐서 거기서 교감 자격을 따서 하는 방법이 있는데, 이런 상황이다 보니 승진만을 위한 업적 쌓기로 인해 교육현장에서 일어나는 폐해가 적지 않게 일어나는 게 지금의 모습이죠. 이러다 보니 '평가권'을 갖고 있는 관리자에 대한 무조건적인 복종, 또 교육전문직 시험을 준비하다 보니까 학생들의 수업이라든지 생활지도에 소홀해 지고, 담임을 기피하고, 무사안일주의의 교육활동만 전념하는 것을 종종 보곤 합니다. 그럼에도 불구하고 이런 승진제도에 쉽게 손을 댈 수 없는 이유는 선발에 있어서의 형평성과 공정성 때문이겠죠. 얼마 전에 뉴스에 나온 대구교육청에서 교육 전문직을 선발할 때 대학에서 학생부 종합전형 선발하듯이 포트폴리오와 면접으로 뽑겠다고 했다고 들었습니다. 경기도에서도 교육전문직을 뽑고 3년 동안 관찰하고 역량이 있다고 판단될 경우에 3년 더 연장해서 6년 동안 전문직으로 데리고 있으면서 교감자격을 부여 하겠다 하고 있는데…. 혹시 이런 걸 보시면서 교사의 인사제도에 대해 생각하고 계신점이 있으신지 궁금합니다.

 저도 그리고 학교 현장에 있으면서 20~30년 느껴왔기 때문에 인사의 문제점이나 시스템에 대한 생각은 백퍼센트 공감하고 있어요. 하지만 인사 부분은 섣불리 추진했다가는 큰 문제가 생길 수 있습니다. 그렇기에 전문적인 사항에 대한 고려와 공정성이 기반이 된 기준과 전망을 제시해야 하기에 신중해야 된다고 보고 있습니다. 또 하나는 좀전에 말씀하신 승진구조에 관한 건데, 공모제라든가 현장의 평교사라도 능력이 있으면 갈 수 있도록 하는 폭을 넓혀야 한다고 생각해요. 이렇게 폭을 넓히는 것과 함께 시범적으로라도 교장선출제를 풀어서, 일제시대에 만들어졌던 인사 제도의 틀을 좀 바꾸고 흔들어야 되지 않을까 하는 거죠. 하여튼 공감을 많이 하고 있는 부분입니다.

 네.

 요즘 교장, 교감도 '보직 선출제'로 하자는 말이 있었습니다. 인사자문위원회에서 그 학교 안에 있는 내부 구성원을 통해서 덕망 있고 능력 있는 사람을 뽑아서 하고, 또 바꾸고 하는 식으로 하자는 얘기가 공공연하게 나오고 있거든요. 어떻게 보면 '교장공모제' 이후로 나온 혁신적인 방법이 되겠죠. 그런데 일선 교사의 입장에서 들어보면 민심에 위반되지 않는 정책을 펼 수 있지 않을까하는 기대도 있고요. 혹시 그런 식의 보직 선출에 대해서는 어떻게 생각하시는지….

매우 좋다고 생각합니다.

가르치는 것이 존중받고, 중시되는 학교

 조금 방식은 다르지만 제가 교육운동하면서 계속 주장해온 것들이 바로 그것인데, 예를 들어 교장도 학교에서 그 구성원들이 뽑으면 4년 교장 역할을 수행하고 그런 다음 임기 끝나면 다시 교사로서 수업하는 겁니다. 그렇게 되면 교장이 권력화 되지 않고, 가르치는 것이 중시되는 그런 학교가 되지 않겠는가 말입니다. 교육계를 살리는 최고의 방법이라 생각했었지요. 여러 사정으로 못했던 것입니다만…. 지금 당장은 어려울지 몰라도 저는 순차적으로라도 교장선출 보직제 부분은 실행해야 된다고 생각합니다. 어찌보면 이는 결국 유권자들의 목소리가 커졌을 때 실현가능성이 있다고 봅니다.

 사실 많은 교사들이 이사장님과 같은 의견을 지지하고 있는 입장입니다. 왜냐하면 좀 전에 말씀하셨다시피 학교 관리자의 횡포라든가 관리자의 감정에 휘둘리는 일이 많이 일어나는 게 현실이거든요. 학교라는 곳이 어떻게 보면 온정적인 집단이 있는 곳이라고 할까요. 그러다 보니 좋은 게 좋은 거다 라는 식으로 결국 가만히 있는 경우도 많아서, 이런 학교 내의 문제들이 바로잡아 지려면 어느 정도의 강제력이 있는 제도 보완이 필요하다는 생각이 들게 되는 거죠.

저도 잘 알고 있습니다. 제가 말하고자하는 것은 특정 누군가에 대한 얘기를 한다기 보다는 학교라는 곳이란 결국 우리 아이들, 우리의 미래를 책임질 학생들을 교육하는 곳이니까 그를 위해 더 나은, 더 좋은 방향성을 찾아야 한다는 의미로 드린 말씀입니다. 과거의 것을 모두 버리자는 것이 아니라 옳지 않은 일이 있다면 바꿔야 한다는 겁니다. 이제는 정말 시대가 바뀌었습니다. 권력으로 모든 것을 할 때가 아니라는 말입니다. 우리가 학생들의 서열화교육에 대한 문제를 지적하면서도 정작 학교 내 조직이 이 서열화에 동참해서는 안 된다는 말입니다. 물론 학교도 하나의 조직이고 사회입니다만 다른 어떤 집단이 갖는 이상의 도덕적 책임도 함께 지고 가야하는 것이 학교입니다. 잘못된 방식으로 성과를 얻고, 그 성과를 바탕으로 권력을 지니는 방식이 학교에 적용되어서는 안 된다는 말입니다. 이에 관해서는 많은 선생님들과 관리자들이 함께 자성(自省)의 움직임을 보여야 합니다.

416 교육 연구소 이사장님과 함께 이야기를 나누다 보니 제가 아는 선생님들과 저의 생각과도 많이 공감이 되었던 것 같습니다. 물론 현장에 계셔서 잘 아시겠지만, 선생님들이 학교 현장에서 겪는 고충들이 상당합니다. 저희 은사님께서 그런 말씀을 하시더라고요. '같은 길을 걷고 있으니까 교사가 힘든 건 교사밖에 모른다. 다른 사람들은 모른다.'(웃음) 얘기를 나누면서 저희들의 고충을 겪으신 선배님이자 스스로 교육의 어려움을 해결하시려고 몸소 노력하시는 모습에서 깊은 감명을 받았습니다.

저는 결국 최고의 선생님은 눈높이 선생님이다. 그런 생각을 갖고 있습니다. 초등학교 선생님은 아무리 나이를 먹든 더 많이 공부를 하든 초등학교 수준으로 같이 놀아주고 눈높이를 맞춰서 따르게 하고 교감하고 그렇게 하면 최고의 선생님이며, 아이들의 눈높이로 선생님들의 가슴으로 이런 교육문제들을 풀고 싶다는 거죠. 지금 소망이라면 이렇게 인연이 닿은 선생님들과 함께 언제라도 가볍게 막걸리 한 잔 기울이며 하고 싶은 이야기하고, 가장 편안하게 기댈 언덕이 되어주고 싶다는…. 그게 제 소망입니다. (웃음)

 사실 오늘 이 시간을 함께 하기 전까지는 이 자리가 어려울 거라고 생각했었거든요.

 제 인상이 그랬나요?

 (웃음) 친숙하다는 생각도 그렇지만, 어? 저랑 같은 생각도 많이 하고 계시는 구나. 질문을 던지는 제게 제가 생각했던 대답을 많이 해주셔서 그 부분이 굉장히 좋았고. 뭔가 푸근하고 잘 통한다는 좋은 예감이 드는 자리였다고 생각이 들었습니다.

 그렇습니까? 고맙습니다.

 수고 많으셨습니다.

Part 03

부모가
안심해서
하하하

• 대담자 | **김미숙, 이용숙**
구희현

사람이 행복하게 살기 위한 방법이 바로 '교육'

대담자 | 김미숙, 이용숙

학부모 **김미숙**
천 권 이상의 책을 읽고 서평블로그를 만들어 운영하시는
독서광이다. '얼쑤'라는 애칭으로 불리기를 소망한다.

학부모 **이용숙**
큰아이를 대학에 보냈고, 작은 아이가 고등학교에 다니고 있다.
학부모 활동가로 중학교에서 진로코치 활동을 하고 있다.

 반갑습니다. 이런 자리에서 만날 수 있어서 영광입니다.

 저는 김미숙입니다. 고잔동 주민이고요. 모범적인 시민이고 싶은,
그리고 현모양처가 꿈인 안산 시민입니다. 그리고 또 학부모이기
도 하구요.

 반갑습니다. 이용숙입니다. 저는 학부모 회장도 한 2년 했었고,

'학부모활동가' 일도 하는데, 뭐 일단 아이들하고 함께 할 수 있는 일들은 다 하고 있어요. 진로코치부터 시작해서 진로동아리 멘토, 지금은 교육복지사로 작년에 1년 동안 했었구요. 지금 성안중학교에서도 아이들을 위해서 월, 수, 금에 '학부모 자원 활동가'로 일하고 있습니다. 그리고 교육 자원봉사 센터에서 진로코치 분과장을 맡고 있습니다. 반갑습니다. 이용숙입니다.

배움이란 무엇일까요?

함께 이야기를 나누기 전에 먼저 이사장님과 이렇게 함께 한 자리에서 좀 원론적인 이야기들을 먼저 나누고 시작하는 것이 어떨까 하는 생각을 해봤어요. 교육이 과연 무엇일까? 과연 배움이란 과연 무엇일까요?

그건 어찌보면 아주 다양한 이야기가 될 수 있겠지만 사실은 교육의 본질이나 교육의 길을 이야기할 때 그것은 결국 '사람이 행복하게 사는 것'이라고 생각합니다. 사람이 행복하게 산다는 것은 요즘 세상에서 혹자들은 권력이나 돈을 이야기할 수도 있겠지만 무엇보다도 가장 중요한 것은 '자유'가 아닐까요? 루소가 쓴 《에밀》을 읽으며 제가 느낀 것 역시 '자유롭게 사는 것, 바로 자유를 주고, 속박에서 벗어나는 것'이 어쩌면 행복의 원천이 아닐까 생각해봅니다. 우리에게는 '행복의 기준'이나 '행복의 방법', '행복의 질'은 각자 다를 수도 있겠지만 행복을 추구하는 데 노력하는 방법론의 하나가 바로 '교육'이라는 점은 동의하지 않으십니까? 아니라면 그 부분에 대해서 각자 교육방법들을 갖고 계시지만 서로 합의해 내면서 사회적으로 함께 가는 것, 그게 바로 우리가 지금 고민하는 주제라고 생각을 합니다.

이 세상 누구도
똑같은 사람은 없다

저 같은 경우는 학교현장에서 아이들과 함께 하는 시간이 많다보니 아이들이 모두 다 다른 색을 갖고 있다고 할까요. 무지개처럼 다양한 아이들이 있는데 그 친구들의 적성을 고려한 맞춤형 교육이 정말 필요하다는 생각을 많이 하곤 합니다. 이미 이런 얘기들이 이전부터 있어온 걸 모르는 바는 아니지만 학교 현장을 맞춤형으로 할 수 있는 아이디어가 정말 절실하다고 생각하거든요.

공교육에 지름길은 없다

어떻게 보면 학교 같은 공교육부분들은 아직도 제도와 문화가 상당히 경직되어 있는 편입니다. 우리가 너무 익숙해져서 답 찾기가 힘든 부분이 있죠. 공교육의 틀을 바꾸기 위해서는 그에 상응하는 공적인 계통을 거쳐야 되는 상황이 수없이 있기에 더욱 쉽지 않은 게 사실입니다. 저 역시 교사로서, 공교육을 공부하는 사람으로서 학교 안에서 맞춤식 교육이 이뤄질 수 있도록 노력은 하고 있지만 부족함 역시 실감하고 있는 입장입니다.

진정한 맞춤식 교육이 가능하려면 어떻게 해야 할까 하고 생각을 되짚어보자면, 일단 크게는 '학제개편', 지금의 제도를 개편해야 할 겁니다. 그리고 지금 시대에 맞는 교육과정과 교과목을 조정하고, 이를 실질적으로 정착시키려면 요즘 언급되는 '무학년 학점제'도 필요하게 될 겁니다. 그리고 이 모든 걸 하려면 장소도 필요하지만 그전에 배움과 가르침을 나눠야 할 교사의 자질이 우선되어야 합니다. 어쩌면 그게 제일 중요한 문제가 되겠지요. 즉 통합교육을 할 수 있는, 예를 들어 인문학과 자연과학을 섭렵할 수 있는 그런 교사들이 필요하다는 말입니다. 그렇기에 그런 교사들을 양성하고, 그 교사들이 자긍심을 갖고 제역할을 할 수 있도록 지원도 필요합니다. 시간이 걸리더라도 이런 여건들을 총체적으로 확보하면서 정부 역시 일관된 교육정책을 펴서 자리잡아간다면 우리의 공교육이 살 수 있다고 보는 거지요. 그렇지 못한 지금 상황에서는 이용숙 선생님이 하고 계시는 진로 코칭이나 또 마을 교육공동체에서의 꿈의 학교 등이 지속가능한 시스템으로 가게 되면 결국 공교육의 대안 모델을 담아낼 수 있는 기반이 될 수도 있다고 봅니다. 다 아시는 얘기겠지만 '교육이란 백년대계다' 라고 하지 않습니까? 그저 일시적인 사업으로 보지 말고 우리의 먼 미래를 위한 장기적인 프로젝트의 개념으로 접근해야 한다고 생각합니다.

 저는 자꾸 본질적인, 원론적인 질문을 하게 되는데요.

예, 괜찮습니다.

학교는 왜 존재하는가

 방금 현재 교육시스템 이야기를 잠깐 하셨는데 '학교가 왜 존재 하는가' 현재 학교라는 교육 시스템이 과연 지금 세상에서 맞는 시스템인가를 한번 되짚어 봐야 하는 시점이 아닌가 하는 생각을 해보게 됩니다. 제가 몇 해 전에 읽었던 책 중 하나가 다니엘 퀸의 《나의 이스마엘》이라는 책인데, 그 책에 '학교라는 허상'이란 내용이 나오거든요. '학교는 젊은 경쟁자들이 인력시장에 진입하는 속도를 조절하기 위해 있는 것이다'라고 아주 단적으로 표현을 해놓았더라고요. 쇼킹했다고 할까 충격을 받았는데 이상하게 한편으로는 너무 공감이 가는 거예요.

지금 우리 사회를 보면 대학을 졸업하고 난 젊은이들이 패스트푸드점에서 햄버거 패티를 굽고, 주유를 하고, 컨베이어벨트에서 나오는 물건을 나르고, 운전하고. 일명 단순노동을 하는 경우가 정말 많잖아요. 그런 일들을 폄하하려는 것이 아니라 문득 떠오르는 것이 이런 단순한 일들을 하기 위해서 수십 년 동안 많은 돈과 노력, 에너지를 쏟아가면서 그 학교라는 틀 안에서 보내는 것이 맞는가 하는 의문이 생기는 거예요. 아무리 생각해도 이건 너무 큰….

 낭비다?

무엇을 위한 배움인가?

네, 낭비가 되는 거죠. 그래서 이 학교라는 것이 과연 이대로 존치(存置)되는 게 맞는가? 이 시스템으로 가는 게 맞는가에 대해서 너무 궁금증이 생기는 거예요. 그런데 그 책에서는 '아이가 처음에 태어나서 뭔가를 습득할 때 학교 교육이나, 이런 어떤 제도화된 교육이 아니어도 아이가 살아가면서 필요한 것들을 너무 자연스럽게 습득을 한다'라는 내용이 있더군요. 그러니까 그 아이가 자연스럽게 습득을 하면서 스트레스를 받지 않는다는 거죠. 그런데 생각해보면 우리 아이들은 유치원부터 시작해서 어떤 공교육 안에 딱 들어오는 순간부터 스트레스를 받고 무엇이든 배우는 걸 어렵게, 즐거움 없이, 필요에 의해 어찌 보면 사회적으로 강요된 교육, 그런 시간을 살아가는 모습을 보게 되는 거예요. 학부모로서 저는 이러한 '학교'라는 시스템이 과연 좋은 것인가? 그런 생각을 아주 강하게 했었어요.

공교육이 삶의 발전적 씨앗이 되어야…

네, 많이 공감합니다. 말씀하신 부분은 사실 저 역시 오랜 학교생활 속에서 그와 관련해 많은 생각을 하고, 또 소위 탈학교나 진보적인 책들을 접하면서도 많이 느꼈던 겁니다.
앞으로의 시대는 정말 교육방식도 딱딱한 사각의 틀을 벗어나 학교 안과 밖을 연계하는, 담장을 뛰어넘는 방향으로 갈 수 밖에 없게 될 것입니다. 우리가 말하는 4차 산업의 시대를 이끌어가기 위해서는 학교 안에서의 단편적인 지식이나 경험들, 이념 속에서 제도화된, 길들여진 인간형으로서는 견뎌내기 쉽지 않을 것이다. 어려울 거다 라는 생각이 들지요. 그래서 말씀하신 부분에 대해서 교사로서 깊이 생각하고 책임감을 느끼는 거죠. 그래서 지금 우리는 학교 안, 공교육을 어떻게 하면 더 건강하고 발전적으로하여 씨앗이 되어서 담장을 넘게 해야 되는가. 그런 고민 속에서 끊임없이 논의하고 있는 거죠.

지금 우리는 그 기로에 서 있는 거네요.

그렇죠. 그리고 좀 전에 아이들이 즐거움 없이 공부하는 모습에 고민하신다는 말씀을 듣고 보니 이런 생각이 납니다. 우리 어렸을 때는 놀이란 그저 가벼운 거라고만 생각을 했었지 않나요? 그런데 가만 생각해보면, 한국사회의 문화만 해도 그렇습니다. 이 '놀이'라는 것이 단순히 시간을 보내는 소모적 낭비가 아니라 그 안에 문화와 역사, 삶의 가치관, 생활상 등 수없이 많은 것을 담고 있단 말입니다. 배우는 즐거움, 살아가는 즐거움이 그 '놀이' 안에 다 들어있다고 할 수 있어요. 그런데 지금 아이들은 잘 모를 수도 있겠지만 예전 우리 어른들 몸에는 놀이는 하찮고 좋지 않은 것이라는 태도라고 할까요? 그런 게 배어있을지도 모른다는 생각이 듭니다. 그런 교육을 받아오며 자란 우리가 새로운 교육을 창조하겠다고, 변화시켜야겠다고 지금 이 자리에 앉아 있는 겁니다.

우리 스스로가 즐거움을 모르면서, 즐겁게 할 수 있는 방법도 모르면서 어떻게 아이들에게 즐거움을, 즐겁게 할 방법을 알려주겠습니까. 이건 우리 어른들이 반성하고 깨달아야 할 부분이라는 생각이 들죠.

저는 아이들이 그 즐거움을 알려면, 학교가 아이들에게 즐거운 곳이 되기 위해서 중요한 것 중 하나가 선생님의 역량이라고 생각해요. 그리고 역량을 펼칠 수 있는 여건도요. 제가 학교에서 지역사회 전문가로 활동하면서 보니, 선생님들 대부분 많은 업무를 갖고 계시더라고요. 제 생각엔 그렇게 업무처리가 많다보니 쉬는 시간에 아이들이 와 선생님이 상담을 하고 싶어도 할 시간이 없으시더란 거죠. 어떻게 하면 아이들이 정말 즐겁게 수업을 할 수 있을까하며 선생님들이 수업연구에 집중해야하는데 제가 보니까 그 시간이 없어요.

인력보강과 시스템의 변화, 그리고 '함께' 만들어 가는 책임감 있는 태도

지금 말씀하신 것처럼 선생님들의 고충을 아시는 학부모님들이 말해주시면 절절한 현 상황에 대한 이야기가 되지만, 실정을 세세히 알지 못하시는 부모님들께 교사들이 이런 얘기를 하면 엄살이라고 할 수 있어요. 하지만 그런 관점을 떠나서라도 이건 큰 문제인 것이 맞습니다. 제일 중요한 것은 전체 교직원 중에서 모든 분들이 역할 분담해서 신나게 책임감을 가지고 해야 한다는 '분위기'가 되어야 하죠. 저도 학교에 있지만 학교에서의 상황을 보면 일을 하는 사람들이 몰려 있어요. 하는 사람만 한다는 말입니다. 서로 어려운 거 안 하려고 하니까. 너무 힘든데 그럼에도 불구하고 하는 건 승진이라는 기대 속에서 거기에 가까운 분들이 적극적으로 하는 부분도 있고. 모든 선생님들이 그렇다고는 할 수 없지만 그런 경우가 많지요. 지금 이게 우리 학교의 현실이에요, 현실. 저는 전체 선생님들이 함께 에너지를 모아서 일할 수 있는 분위기, 이것은 바로 학교장의 리더십이나 학교자치를 바탕으로 한 건강한 문화들이 선행되어야만 학교가 더 즐거워지고 행복해진다고 봅니다. '즐거운 분위기'라는 게 별것 아닌 것으로 생각될 수 있지만 아이들은 그 변화를 금방 알거든요. 눈으로 보고 느끼니까. 저는 학교 선생님들의 업무의 정상화, 그리고 업무 경감을 위해서 인력보강과 함께 시스템의 변화가 절실하다고 봅니다. 공문의 경우는 물론 일정 부분 담당하기 위해서 행정실무사 제도를 전임 교육감 시절에 실시해서 어느 정도 효과를 보긴 했지만 그것만 가지고는 너무 미비합니다. 그리고 공문생산의 유통과정이나 효능에 대해서 재점검을 실시해야 한다고 봅니다. 이런 공문 부분들을 제대로 점검하려면 학교평가도 해야 되고, 교장평가도 해야 됩니다. 뭔가 획기적인 방법이 있지 않는 한 현재의 시스템에서, 주어진 인적, 물적 자원 속에서 벗어나기 힘들다는 생각을 해요. 이런 문제는 교육청을 넘어 국가차원에서, 전체가 해야 되는 일입니다.

학교에서 지울 수 없는
상처를 받는 아이들

 갑자기 좀 불편하게 생각하실 수 있겠지만 좀 다른 측면의 문제도 이야기 하고 싶어요. 예전에는 나름 '군사부일체'라는 전통적인 생각들 때문인지는 모르겠지만 저는 선생님이라면 어떤 사명감 같은 것이 있었다고 생각을 해요. 하지만 요즘은 그냥 성적이 좋은 사람이 선생님이 되는 거예요. 요즘 흔히들 말하는 '철밥통'으로서 말 그대로 직장인으로서의 선생님인거죠. 우리 아이가 초등학교 3학년 때 거의 1년을 내내 한 선생님의 화풀이 대상이 된 적이 있었어요. 아주 심각하게. 아이가 뭔가 어려움이 있었나 하고 짐작은 했었는데, 충격적인 일이 있고 나서 제가 직접적으로 개입하게 된 것은 10월말, 11월초 쯤이었어요. 그 일의 여파를 우리 아이는 아직도 겪고 있기도 하고요. 이렇게 자질이 떨어지는 교사에 대한 어떤 제재랄까, 방안이 없는지….

책임 있는 리더가 나서야 한다

 전체가 그런 건 아니라는 것은 알고 있지만 지금 말씀하신 상황은 교사로서 너무나 안타깝고 반성해야 할 일이라고 생각합니다. 그런 아이를 보면서 학부모님들이 겪으셨을 고통도 너무나 잘 이해합니다. 저 역시 학부모였으니까요.
늘 하는 얘기지만 이제는 정말 우리 아이들에게 '가만히 있으라 교육이 아닌 말 할 수 있는 교육'을 해야 됩니다. 아이들이라 할지라도 옳지 않은 것을 말할 수 있게, 말이 안되면 투서라도, 민원이라도 하게 해야 하는 거죠. 그리고 교장, 교감은 이러한 의견이 들어왔을 때 학생 의견이라고 가볍게 보거나 무시하는 것이 아니라 책임 있게 문제의 원인과 사실을 확인해서 진정성 있게 해결해야 하는 것이 필요하다고 생각합니다. 이러한 역할이 교장, 교감의 진짜 역할이라고 생각합니다.

그렇죠. 중개자 역할이 되어서….

네, 중개자가 되어서 하지 않는 한은 해결되지 않는다고 봅니다. 좀 전에 말씀하신 우리 학생의 이야기는 너무 안타까운 일이고, 명백히 잘못된 처사라고 보지만, 한 가지 말씀드리고 싶은 건 건강하게 진심으로 소명을 갖고 아이들에게 정말 헌신하는 선생님들도 많다는 겁니다.

네, 물론 알고 있어요.

이런 문제들은 마을 교육 공동체라든가 하는 것을 활용하는 것도 좋을 거 같아요. 하나의 프로그램만 가지고 만나는 것이 아니라 사람과 사람, 네트워크 정보교환의 측면에서 서로 멘토링하는 그런 기회까지 확장되었으면 좋겠다는 생각입니다. 굳게 닫힌 학교의 문을 순기능적으로 여는 방법이 고민되어야 할 거 같아요. 정말 풀기 어려운 문제라는 생각이 듭니다.

말씀하신 것처럼 어려운 문제라고 생각합니다. 그래서 선생님들께 끊임없는 연수 내지는 교수님들처럼 안식년 뭐 이런 것 까지는 힘들지 몰라도 그런 게 가능하면 좋겠어요. 그런 프로그램을 통해 일정 정도의 소양을 새롭게 갖춰 가는 것이 좋다고 생각해요.

우리가 '민주시민'을 보여줄 때
그게 교육이다

제가 현장에 있기에 누구보다도 실상을 알기에 그에 대한 걱정도 큰 것이 사실입니다. 말씀하시는 것을 들으면서 정말로 민주시민 교육의 필요성, 학생, 학부모, 교사 간의 많은 문제들…, 그것들을 보완할 기재들은 많은 시간을 가지고 점검하고 해야 하는데 그렇지 못하는 현실이 정말 안타깝습니다. 말씀하신 문제들, 그런 선생님들에게 진짜 민주시민이라는 게 어떤 것인지를 보여줄 때, 저는 그것이 교육이고, 경험이고, 성찰의 기회가 될 것이라고 봅니다. 학생 자치, 학부모 자치, 나아가 학교자치가 활성화되고 정착되어야 한다고 강조하고 싶어요.

상담시간에 맞춰
아픈 아이는 없다

요즘 맞벌이 가정이 많잖아요. 그러다보니 마음에 상처를 입어오는 친구들도 있지만 또 가정형편이 어려워 어떻게 해야 도움을 받을 수 있는지 조차를 모르는 부모님들도 너무 많아요. 지자체 등에서 복지재단이나 정신건강증진센터, 건강가정지원센터 등이 다양하게 있지만 해당되는 분들이 직접 찾아오기란 사실 어려운 일이거든요. 제가 말씀드리고 싶은 건, 학교가 그런 도움을 필요로 하는, 복지의 사각지대에 있는 학생들, 가정들을 발굴하기가 쉽다는 거예요. 제가 교육복지 분야에서 몇 년 활동을 하긴 했지만 실질적으로 선생님들하고 1년을 해보니까 각자 힘든 부분들을 안고 상담하러 오는 아이들이 많아요. 그러나 이것을 선생님들이 전부 다 알아서 할 수 있는 상황이 안 되요. 왜냐하면 학생들의 진로상담하기에도 바쁘거든요. 진로상담도 겨우 10분, 15분이 고작인데, 아이들의 감정이나 가정사까지 상담하는 건 더더욱 어려운 거죠.

하지만 아이들을 제대로 교육하기 위해서는 아이들의 가정에 먼저 무슨 일이 있는지 예를 들면 부모에 대한, 가정에 대한 문제를 파악하는 것이 중요하다고 생각해요. 특히 청소년 자살의 경우도 고 위험군에 속한 아이들에 대한 관심을 통해 예방할 수 있거든요.

그래서 이런 사각지대에 있는 문제들을 찾아 아이들이 좀 행복할 수 있도록 효과적인 방법이 반드시 필요하다고 생각해요. 좋은 방법이 없을까요?

우리의 아이를
우리가 함께 키워야

 공감하는 부분이고, 지금 말씀하신 것 안에 이미 해결방법까지 나온 것도 같습니다. 비정규직 양산이라든가 재정부족 등 다양한 이유로 복지사를 줄이고 있는 지금의 현실은 이해하지만, 이것을 교육복지차원에서 보면 거꾸로 가는 정책이라고 생각되죠. 말씀하신 문제들을 해결하려면 학교 밖 지자체의 전문적인 기관들과의 협력을 통해 인건비라든가 역할분담 같은 부분들을 정리하면 어느 정도 실현가능성이 있을 거라고 생각해요. 지금 학교에서 하고 있는 정도로는 실제적인 도움을 주기에는 턱없이 부족한 게 사실이잖아요. 이를 능동적으로 해결하는 쪽으로 가는 게 맞고, 그러기 위해서는 긴밀한 협조가 방법이라고 봅니다.

 정말 그렇게 되었으면 좋겠어요. 빨리.

모두 다 대학에 가야 하는가?

 이제 화제를 좀 바꿔서 대학 입시에 대해 말해보고 싶습니다. 우리의 교육현실은 대학 입시로 모든 것이 귀결되는 것 같아요.

 그렇죠.

제가 듣기론 우리나라에 대학을 가는 방법이 너무 많다고 하더라고요. 아까 맞벌이 부부 얘기하셨지만 맞벌이를 하고 있는 학부모들은 먹고 사는 게 바쁘다 보니 그저 아이들을 외형적으로나마 건강하게 잘 지내는지 확인하는 정도라고 할까요. 모두가 그런 건 아니겠지만 많은 학부모들이 아이의 내면을 살펴볼만한 시간적, 감정적 여유가 없어요. 그러다 보니 우리 아이가 무엇을 잘하는지, 수천 개의 방법 중 무엇으로 대학을 가는 게 우리 아이에게 좋은지 잘 알 수가 없어요.

대학입시 자체의 문제를 잠시 차치하고서 당장 당면한 입시에 대해서 생각을 해보자면, 모든 분들에게 대학입시에 맞춤식 컨설턴트를 만들어서 해드려야 한다는 생각이 드는네요.(웃음) 이미 잘 알고 계시겠지만 이런 제도 안에서는 참 어려운 부분입니다.

이전에 학생하고 이야기를 한 적도 있지만, 입시가 교육을 완전히 지배하고 있다는 얘기를 하면서 줄 세우기의 정점이, 대학 서열화, 학벌 중심 사회라고 할 수 있죠. 여기에 진입을 못하면 학부모들이 불안하고, 걱정하고, 자신의 아이가 불이익을 당하지 않을까 이런 고민 속에서 울며 겨자 먹기로 체제에 편입되잖아요. 사실은 대학 꼭 안 가도 될 수 있는데 그 마음을 갖기가 힘든 겁니다.

맞아요. 정말 대부분의 아이들이 대학에 가는 게 맞는 걸까요? 그럴 필요가 없다는 것을 학교에서 심어줄 수 있어야 된다고 생각해요. '너희들 모두가 대학을 갈 필요는 없어. 대학을 가지 않아도 너희들 인생을 실패하는 게 아니고 너희들은 다른 길로도 얼마든지 갈 수 있어'라는 것을 말이죠.

특성화고의 목적과 현실

 사실 특성화고만 하더라도 원래는 대학진학이 목표가 아니라 어떻게 보면 건강한 직업인들을 양성해서 사회 발전에 이바지하고, 자기의 삶에 만족을 느끼고 살도록 하고자 하는 것인데, 얼마 전 만난 학생의 말에 의하면 자기가 다니는 특성화고만 하더라도 학생 90퍼센트가 대학을 가고, 10퍼센트만 취업을 한다고 얘기를 하더라고요. 모든 특성화고가 그렇다는 것은 아닙니다만 지금 밖의 현실이 이런 식인데 '학교에서 하는 직업훈련, 직업교육 잘 받아서 사회의 일원이 되어서 대학을 안 가는 것이 국가적 낭비도 인생의 낭비도 아니니 꿋꿋이 살아라' 이렇게 하기에는 지금의 제도가 너무 오래되었고 견고한 겁니다. 사람들이 문제점들에 대한 얘기는 쉽게 하는데 사실은 너무 어렵죠.

사실 경기도는 지자체 중 가장 인구가 많다보니 학생 수, 학부모 수도 가장 많잖아요. 그러니까 그 어떤 지역보다도 무게감을 인지하고 이러한 문제들과 앞장서 부딪쳐야 한다고 봅니다. 그렇기에 경기도의 교육책임자는 지금 얘기된 부분들에 대해서 끊임없이 현장과 소통하고, 중앙정부에 그야말로 죽기 살기로 제안해야 됩니다. 경우에 따라서는 국회위원들 입법을 위해서 아니면 정부 정책의 교육재정을 따내기 위해서 끊임없이 투쟁해야 하는 역할이 지금 우리 경기교육을 책임지는 수장의 역할이 되겠죠.

지금 현재 이야기하고 있는 것들, 입시 제도를 개편해야 된다, 대학 서열화 체제 같은 부분들을 서서히 줄여나가면서 국공립 대학을 중심으로 한 대학 네트워크, 공동선발, 공동 학위제, 그리고 또 절대 평가를 통해 일렬로 줄을 세우는 것이 아닌, 각자의 능력과 변별을 볼 수 있는 큰 틀로서의 절대평가들이 이뤄지게 하고, 또 직업교육이나 자신이 배우고 싶은 것들을 위해 해당 학교로 가서 졸업할 수 있게 한다든가 이런 것들을 과도기적으로나마 실험을 하고자 지금 새 정부에서 시작하는데 사실 벌써부터 찬반양론으로 갈려서…. (한숨) 참, 답을 내기 힘든 문제입니다.

우리가 함께 얘기하고 있는 부분들은 사실 각자의 상황에 따라 모두 다를 수 있잖아요. 예를 들어 어떤 학생이 특성화고를 가긴 했지만 학교를 다니다 보니 대학을 가고 싶은 마음이 생겼다. 그러면 그 길을 열어주는 게 맞다고 생각해요. 또 일반계를 갔지만 다시 진로를 바꿀 수 있는 거고. 저는 공부도 결국 적성이라고 생각해요. 그러니까 공부라는 것도 목적성이 있어야 하는 거잖아요. 그래서 일반계 고등학교에도 위탁교육이라는 게 있고. 제가 교육자원봉사센터에서 진로코치분과를 맡고 있고, 또 학부모 네트워크도 같이 하고 있다 보니까 저에게도 문의 오는 것들이 많아요. 그런데 아이가 대학을 안 가고 고등학교를 졸업하고서 취업을 할 목적으로 위탁을 갔는데 학교에서 이 아이들은 낙동강 오리알처럼 따로 국밥이라는 거예요. 다시 말해 관리가 안 된다 라는 거죠.

학교에서도 '이 아이들은 공부 못하니까 위탁이야'라는 식의 잘못된 생각을 버려야 한다고 봐요. 결국 사회라는 게 다양한 직군에 있는 사람들이 함께 해야 굴러가는 거잖아요. 그런데 모두가 고학력에 어려운 일은 안하려고 하니까 실제적으로 인력이 필요한 직종에서는 노동인력이 없게 되는 거잖아요. 위탁교육을 가서 내가 기술자의 역할을 하겠다 라고 하는데 거기에도 확장성이랄까 발전성이 있고 그 부분에 대해서 관리할 수 있는 시스템이 되어야 하지 않을까요?

 그래서 저는 지금의 위탁교육을 어떻게 해야 된다고 생각 하냐면, 진로진학 부분에서 고등학교 오면 진로에 대해 갈등하는 아이들 있잖아요. 대학가고 싶어서 왔긴 하지만 다른 기술적 분야, 예를 들어 컴퓨터, 인터넷, 엑셀을 배우고 싶다 그러면 이 부분들을 빨리 발굴해 연계를 시키는 것들이 필요하다고 봐요. 학적은 그대로 두더라도. 이런 학생의 관리는 위임해서 하는 식으로 할 수도 있고. 이런 부분들이 빨리 되면 좋겠다. 그래서 저는 그것을 가장 먼저 하고 싶어요. 제가 특성화고에 있기 때문일지는 몰라도.

제가 특성화고 있으면서 가장 뼈저리게 느낀 것은 노동의 신성한 부분들이 진짜 많이들 묻혀 있고, 폄하되고 있다는 겁니다. 생각해 보세요. 노동이 없는, 생산이 없는 세상이 존재할 수 있습니까? 노동이, 생산이 없는 세상은 굴러가지 않잖아요. 하지만 그럼에도 불구하고 지금 고등학교 졸업해서 정규직 가기가 갈수록 어려운 게 현실이고, 거의 비정규직 인생을 가야 되는 상황들이 있단 말입니다. 또 현장실습을 나가면 안정성이랄지 생명을 위협하는 이런 상황들이 계속 벌어지고 있고, 예를 들어 은행 같은 곳에 정규직으로 간다고 해도 승진 같은 부분에서는 천지 차이가 나고 하니 사회에서 임금격차를 줄여주고, 사회적 대우라든가 생활을 할 수 있도록 뒷받침이 되게 하려면 국가와 대기업들, 우리 모두가 사회적 합의를 해야 되는 겁니다. 특히 거기에 앞장서야 하는 것이 공공기관이 되어야 하고.

또 특히 우리 학교란 곳은 교육을 담당하니까 교육기관으로서 솔선수범해야 합니다. 그래야만 아이들이 노동의 소중함을 알면서 배워가게 되는 것입니다. 이런 게 진짜 중요한데, 지금 우리 사회는 진짜 소중하고 중요한 가치에 대해서는 눈을 감고 그저 눈앞에 있는 구색만 맞추는데 급급한 게 아닌가 하는 안타까움이 있는 거죠.

진로탐색, 아이들의 즐거운 미래

대담자 | 김미숙, 이용숙

학부모의 교육 인식개선 시급

  그런 부분도 있지만, 우리 학부모들의 교육 인식개선이 정말 필요하다고 생각해요. 4차 산업혁명의 시대라 하더라도 그 기반이 되는 것이 네트워크이고, 거기엔 반드시 바른 인성(人性)은 따라가야 하는 거잖아요. 그렇기 때문에 사회가 급변한다하더라도 이런 부분들을 지켜나가려면 학부모들의 인식개선을 위해서 계속 교육을 받아야 한다는 거죠. 학부모가 깨어있어야 되요. 그래야 아이들과 소통이 되고 선생님, 학부모, 학생이 함께 진로를 위한 고민을 하는 게 바람직하다고 보는 거예요. 세상은 급변하는 데 부모의 사고가 정체되어 있으면 그 사이에서 소통도 발전도 성장도 결국은 어렵다는 거죠. 지금 아이들이 즐겁게 진로를, 자신의 미래를 확장할 수 있는 문을 열어 줄 수 있는 게 또한 학교 현장이라고 생각하거든요.

사회적 협의를 통해
적극적이며 공격적인 직업교육으로 가야

맞습니다. 4차 산업혁명시대에 살아갈 우리의 자세를 총합적으로 보면 직업교육 안정화를 위해 어떤 타협기구가 정부 내에 있으면서 양성하는 체제를 만들면, 대기업들도 그런 인력을 확실히 고용하는 형태가 되고, 결과적으로는 사회적 비용도 줄이고 국민의 고통도 줄이게 될 수 있습니다. 그러다보면 자연스럽게 과열된 입시 경쟁도 완화시킬 수 있으니까 이런 형태로 가는 것이 바람직하다고 보고 있습니다. 경기도에서라도 먼저 모범적으로 기업체들과 학교 간의 협의기구를 만들어 연구하고, 취업문제, 즉 일자리도 만들어내는 적극적이며 공격적인 직업교육으로 가야 한다고 주장하고 싶은 거죠. 제가 오랫동안 특성화고에 근무하면서 느꼈던 부분입니다.

미래를 위해
고민할 시간이 없어요

제가 학교 다닐 때부터 불만이었던 게 '왜 이렇게 많은 공부를 해야 하는 거지'였어요. 그런데 요즘에는 그것도 점점 더 어려워지고, 이제는 상위에서 배워야 할 것들이 아래로 내려오고 이렇게 되고 있잖아요. 그게 결국은 수능변별력으로 가는 그 하나의 목적이 되고. 그래서 아이들에게 이렇게 많은 배움이 필요 없다. 거의 1%도 활용 안 되는 그런 과한 교육을 계속 받아서 아이들이 자기의 미래에 대해서 생각할 틈을 안 주는 것. 이것 자체가 저는 큰 문제라고 생각을 해요. 그래서 고등학교나 대학교도 그렇고. 솔직히 저보고 교육감을 하라고 한다면,(웃음) 저는 고등학교 때부터 '전과제'를 만들고 싶어요. 요즘은 아이들이 자기 미래의 삶에 대해서 고민을 할 수 있는 그런 기회가 주어져야 된다 라는 거죠.

진로탐색, 아이들이
즐겁게 미래를 준비하려면?

 솔직히 우리들도 커서 진로를 찾는다는 게 어렵다는 걸 잘 알고 있잖아요. 그러니까 하나라도 더 체험하고 접할 수 있는 기회를 늘렸으면 하는 생각이 들죠. 그리고 입시에 대한 정보제공이 부족하다 보니 엄마들은 입시를 되게 어렵게만 생각하거든요. 저의 경우는 제가 답답해서 진로진학상담사 1급을 땄거든요. 제가 상담을 해보니 아이들이 대체로 세 부류로 나눠져요. '좋아하는 게 뭔지 모르겠다', '정하긴 했는데 확신이 없다', '정했는데 어떻게 준비를 하는지 모르겠다' 죠. 사실 진로가 정해져도 제대로 준비를 하려면 성적도 분석해야 되고, 그에 맞는 다양한 활동도 해야 되고 하는 데 그런 정보를 그나마 학교 선생님들이 많이 알고 계시는데도 불구하고 아쉬운 부분이 적지 않아요.

사실 담당 선생님들께서 의지가 있다고 해도 그게 어려운 것이, 정말 바쁘세요. 혁신교육 포럼 했을 때인가 아이들이 그런 얘기를 해요. '저희를 어른들이 좀 관리해 줄 수 있는 시스템이 있으면 좋겠다'고요. 생각을 조금만 해보면 요즘은 교육자원봉사센터 같은 곳도 저희 같은 인프라가 있거든요. 학부모님들도 좋은 역량을 갖추고 계신 분들도 정말 많구요. 그런 부분을 학교 내에서도 좀 활용하셨으면 좋겠다는 생각이 들어요. 다시 말하면 이게 결국 마을교육공동체가 되는 거라고 생각하거든요.

마을이 함께 키우는 아이

 그렇죠. 말씀하신대로 마을교육공동체는 사실 마을 주민과 연계되는 교육으로 그게 마을교육공동체의 본 모습이잖아요? 그래서 학교가 있는 마을에 있는 다양한 자원들, 그를 통해 어른들과 함께 하면서 자연스럽게 아이들에게 민주시민교육 부분도 이뤄진다고 생각하고 있습니다. 그리고 또 하나 이를 통해 전문성 교육도 되고 진로탐색도 실질적으로 도움이 되는 방향으로 갈 수 있는 거죠. 하루빨리 협의를 해서 학교가 담장을 넘어 교육의 영역을 확장하려는 노력이 중요합니다. 교육청에서도 나서서 선생님들이 보람을 느낄 수 있도록 동기부여를 하는 것도 필요합니다. 또 하나의 잔무, 업무증가로 이어지지 않도록 함께 고민해야 된다고 봅니다. 오늘 어머님들과 얘기를 나누면서 저 역시 많은 것을 배웁니다. 감사하고 반성하고, 또 노력하겠습니다.

서로 다름을 인정하고, 다름을 존중하는 교육

 이렇게 함께 이사장님을 뵙고 말씀을 나누게 되어서 저 역시 오늘 많은 것을 배우고 있다고 생각해요. 그래서 짧은 시간이나마 이렇게 서로 의견을 나눌 수 있는 자리가 생겼으니 조금이라도 더 많은 이야기를 나누고픈 생각에 우리 아이들과 관련된 다양한 문제들을 생각해 봤었습니다. 저는 입시를 위한 교육도 물론 중요하지만 그와 함께 아이들의 성교육, 인권교육 부분도 정말 중요하다고 생각을 해요. 제가 생각하기에 요즘 아이들의 성교육이 너무 일차원적인 교육이 아닌가 하는 거죠. 성교육이라는 게 단순히 피임법 같은 정도에서 끝나는 것이 아니라 정말 성을 인지하고 그를 통해 아이들이 서로가 얼마나 소중한 존재인지를 알고 그것이 생명존중으로까지 이어지는 그런 교육이 되어야 한다고 생각하거든요. 또 인권교육이라고 하는 것도 사실 성에 대한 인지가 당연히 들어가야 하는 부분인데, 제가 들은 바로는 우리 사회는 아직도 남성중심의 사회이다 보니 그 성별 격차를 줄였으면 한다는 말을 한 여학생이 남학생들로부터 테러를 당하는 일까지 있었다고 해요.

'너는 매갈충(여성주의 사이트 '메갈리아' 이용자를 일컫는 신조어로 여성비하의 의미를 담고 있음)이다' 이러고 그 아이에게 쓰레기 같은 거 집어던지고 그랬대요. 그 얘기를 듣고 저는 정말 충격을 받았어요. 아! 이 아이들에게 전인적인 인성교육, 기본적으로 너와 내가 다르고, 그 다름을 인정하고 존중하는 것부터가 교육이 되어야 하겠구나 하는 생각이 절실하게 들었어요.

저도 사실 현장에 있으면서 느낀 부분입니다. 인권교육의 일환으로서의 성교육, 특히 성인지 교육은 지자체에서 예산까지 편성하는 등 진일보하고 있긴 하지만 학교는 아직 그 정도에도 이르지 못하고 있는게 현실입니다. 학교에서의 성교육은 보통 보건 선생님들이 돌아가면서 하고, 전체적으로 하는 성교육의 경우는 성희롱 예방, 성폭력 예방을 비디오 시청으로 하고 있죠. 그런 식의 일차원적인 교육에 아이들은 이미 너무 익숙해져 있죠. 현장에서 저 역시 느낀 점이기에 이를 제대로 하려면 학생들에게 올바른 성교육을 담당할 전문가 양성도 시급할 거라고 생각합니다. 사실 성차별이나 성격차 문제는 인권차원에서 접근해야 하는 문제입니다. 그래서 어떤 의미에서는 지금 하고 있는 성교육 방식이나 교안 등이 전부다 변화되어야 한다고 느끼는 거죠.

차별이라는 말을 들으니 저는 우리 다문화얘기를 안 할 수가 없네요. 안산뿐만 아니라 전국에 다문화 청소년들이 굉장히 많은 데요. 사실 이 친구들이 설 자리를 만들어줘야 되겠다는 생각이 들어요. 저희 학교에도 있는데 이 친구들은 또 언어적인 강점이 있잖아요. 예를 들어 이 친구들이 주가 되어서 '거꾸로 수업'처럼 이 친구들이 회화를 한국 친구들에게 쉬운 거라도 가르쳐 줄 수 있는 기회가 주어진다면 다문화가정 아이들의 자존감도 좀 높아지고, 서로 어울려 함께 하는 동안에 자연스럽게 아이들의 인식개선도 되리라 생각을 하고 있습니다. 다름이 나쁨이 아니라 다름은 새로운 것, 또는 배울 수 있는 기회 같은 것으로요.

맞아요. 저 역시 다문화는 어떻게 생각하면 우리에게 굉장한 축복이라고 생각을 하고 있거든요. 현재 안산이 가진 강점이랄까요?

아주 공감합니다. 좋은 말씀이고요. 말씀하신 대로 안산에는 다문화 가정들이 정말 많잖아요. 사실 모든 것에 앞서 가져야 할 자세가 우리가 모두 '같은 식구'라는 것, 우리가 서로 다르지 않다는 인식이 중요합니다. 너는 나와 다르니까 인정하지 않는다는 식의 못된 선민의식, 원주민 의식들이 해소되어야 합니다. 그런 인식을 기반으로 우리의 교육도 같이 가야되는 겁니다. 김상곤 교육감때 같이 거버넌스를 하면서 교육자치협의회 운영위원으로서 이런 민원이나 정책들을 전달하고 하는 역할들을 좀 했었죠. 그 당시 우리 안산에서 다문화 관련해서 일할 수 있는 현장중심의 행정체계는 사실 소수인원밖에 없었어요. 그것 가지고는 이 많은 내용을 감당할 수 없겠구나 하는 생각을 그때도 많이 했었죠. 모든 것이 부족하다보니 이벤트행사나 보여주기식 업무가 많았었다는 겁니다. 지금 물론 그때보다야 많은 방안들이 세워지고 실행되고 있겠지만, 개인적으로는 아직 부족하다고 생각하죠. 그래서 이런 문제들을 해결하기 위한 교육청의 체제 개편이 필요하다고 보고 있습니다. 어머님들과 이야기를 나누다 보니 저도 정말 아직도 한참 멀었구나 하는 생각이 듭니다. 더 많이 고민하고 더 많이 노력해야 겠구나 하는 마음이 절실합니다. 앞으로도 시간이 나면 더 많은 현장이야기를 학부모님들께 듣겠습니다. 감사합니다. 오늘 그저 몇 가지 질문에 답했지만 마음에 드셨는지 모르겠습니다.

 겸허하셨어요. (웃음)

 따뜻 하셨고요.(웃음)

 그래요? 제가 따뜻해요?

 네, 짧은 시간이었지만 따뜻한 가슴을 가진 분이라는 생각이 들었어요. 앞으로도 그 따뜻함을 잃지 않고, 항상 중심에 늘 따뜻함이 있는 사람, 주변의 소리에 귀기울이는 그런 분으로 계속 계셔 주셨으면 좋겠어요.

 음, 좋게 말씀해주시는데 그 안에 뭔가 따끔한 경종이 담긴 말씀이 있는 것처럼 들립니다. 잘 알아들었으니 깊이 새겨 명심하겠습니다. 그리고 고민하고 조심하겠습니다. 감사합니다.

 (함께) 수고하셨습니다.

Part 04

청년이
우뚝서서
하하하

· 대담자 | **강진영, 장재욱**
　　　　구희현

공교육 내실화로
사교육 문제 해결해야...

대담자 | 강진영, 장재욱

청년 **강진영**
자존심이 강한 사동 청년

청년 **장재욱**
조리 있게 질문의 본질에 파고드는 사동 청년

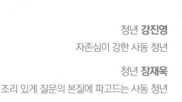

안녕하세요. 저는 장재욱입니다.

반갑습니다. 저는 강진영이라고 합니다.

반갑습니다. 구희현입니다. 이야기를 시작하기 전에 먼저 오늘 이런 자리에 함께 해주셔서 감사드리고 싶습니다. 뭐든 하고 싶은 이야기, 궁금한 이야기 편안하고 자유롭게 하시면 되니까 부담 갖지 말고 말씀들 하세요.

 (웃음) 네.

사교육 과열,
왜곡된 상승 욕구의 산물

그럼 제가 먼저 질문 드릴게요. 전 요즘 사교육 열풍에 대한 걸 얘기해보고 싶어요. 제가 듣기론 거의 유치원생부터 학원에 간다고 들었거든요. 이런 사교육열풍의 원인이 대체 뭘까요?

아시겠지만 이건 하루 이틀의 문제가 아니라 고질병, 대한민국의 고질병 같은 겁니다. 요즘 유치원생을 보면 가장 많이 뛰어놀고 밝게 살아야 할 때에 학업이라는 프로그램 속에서, 또 학부모의 통제 속에서 살고 있으니 참 가슴 아픈 현실인거죠. 유치원생이라도 자기의 삶이 있는 것 아닙니까? 행복하고 즐거워야 될 삶이 있는데 그것을 빼앗기는 현실이 어른으로서 참 미안하다고 생각해요. 오늘 우리가 함께 이야기를 나누는 것도, 가능한 한 이러한 문제들을 완화시키고 교육의 본질이나 삶의 질을 높이기 위해서 우리가 함께 마주하고 있는 거 아니겠습니까. 아시다시피 입시나 학력사회, 또 그 안에 있는 서열화, 소위 SKY라는 좋은 대학 입학하기를 통해서 사회적 신분이나 취업보장, 좋은 대학을 나오면 사회적 인격, 개인의 인격을 높게 평가하는, 그걸 '문화적 자본'이라고들 표현하는데, 그 안에서 잘못된 관행이나 습관이나 제도들이 있는 것이 문제라고 보는 겁니다. 좀 과격한 단어를 사용해 보자면, 이런 부분을 없애기 위해서는 학력사회를 철폐를 하고 대학 서열화를 없애야 합니다. 대학서열화를 없애려면 고교 서열화를 없애야 되겠죠. 지금 현재 유치원, 초등학교부터 사교육을 하고 있는데 이것은 국제중학교 가기 위해서고, 또 다시 특목고나 국제고에 가기 위해서 사실, 어떻게 보면 엄청난 전쟁의 시작과도 같은 것입니다.

저는 사교육의 원인이라는 것이 여러 가지가 있겠지만 학력 위주의 사회에서 왜곡된 신분상승의 방법들을 찾다보니 그렇게 된 것이라고 생각합니다. 또 사교육을 하지 않고 그야말로 독야청청 놔두면 학부모들은 불안하고 걱정스러워하죠. 혼자만 하지 않으면 불이익을 당한다는 강박적인 관념이 있는 겁니다. 그래서 결국 사교육을 하게 된 것 아니겠습니까. 사실 사교육에 대한 교육부 통계를 보면 약간씩 내려가고는 있다고 하지만 학령인구가 줄어들고 있는 상황 때문에 그렇게 보이는 것일 수도 있습니다. 사교육 문제를 제대로 해결하기 위해서는 공교육의 부활, 공교육의 내실화, 공교육을 통해 쉽게 대학을 갈 수 있고 취직할 수 있는 그런 사회적 구조를 만들어야 되는데, 이 모든 것들이 우리가 찾아야 할 답이죠.

공교육의 길

사교육 원인과 문제 해결을 이야기하시면서 공교육 내실화를 이야기하셨는데, 이사장님께서는 그 실질적인 해답이 뭐라고 생각하세요?

지금 새로운 정부가 들어서면서 각종 교육 관련 공약들을 펴냈었죠. 입시정책의 개선들. 수능개편부터 시작해서 절대평가 부분도 있었는데 현재까지는 결정을 못한 상황이죠. 서로 찬반 의견이 쟁쟁하기도 하고, 그만큼 사회적 쟁점이 되고 있습니다. 물론 지금 지역적으로 진보교육감이 열세분이 나타나서 혁신학교라는 이름으로 학교 안에서 새롭게 학생중심으로, 또 자율성을 부과하면서 창의적인 시민으로 육성할 수 있는 교육과정의 개편을 통해 일부분 성공한 면도 없진 않으나 이것만으로 공교육의 성공이라고 보기 어렵습니다. 그 이유는 입시제도가 엄연히 존속하는 한 고등학교는 혁신학교를 하기가 어렵단 말입니다. 결국 성적에, 문제풀이 빨리 해야 되고, 암기 위주로 반복시키고 하는 일이 계속되는 한 공교육의 정상화라는 건 사실 너무 힘든 일입니다. 제가 생각하는 공교육의 정상화는 하루 빨리 입시나 서열중심의 평가들이 극복되었을 때, 그를 위한 제도와 문화가 만들어졌을 때 실현된다는 겁니다.

예를 들면 대학 들어갈 때 수능을 자격고사로 하든가, 등급별로 절대 평가를 하고, 이 등급을 나눌 때도 상대평가가 아닌 자기 발전과 성장을 중심으로 되었을 때 공교육이 되는 거 아니겠습니까? 그리고 대학을 가고 싶지 않은 사람, 가지 못하는 사람 모두 자기 직업이나 성취를 얻을 수 있는 분야로 갈 수 있어야 한다는 겁니다. 다시 말하면 특성화고 가서 취업으로, 그리고 정규직으로 가서 자기실현하고 임금차별 받지 않는 이런 구조가 되어야만 공교육의 정상화부분들이 이뤄지는 겁니다. 지금 이 자리에서 딱히 공교육을 정상화하려면 어떻게 해야 한다는 답을 정할 수 있는 것이 아닙니다. 함께 지혜를 모아가야 하는 부분인거죠.

 네, 함께 만들어야 하겠지요. 그런데 이해를 했다고 하더라도 저의 시간들을 돌이켜보면 그래야 한다는 걸 알아도 어떻게 하는

지를, 어떻게 '함께' 하는지를 몰랐었다고 생각해요. 이사장님께서 우리 교육의 문제점으로 계속 입시 위주의 경쟁교육을 말씀해주셨는데, 저도 성장기를 지나서 청년이 되면서 가장 어려웠던 것 중 하나가 투표할 나이가 됐을 때. 투표를 해야 하는데, 입시 위주의 교육만 받다가 갑자기 투표권이 생겨서 누군가에게 투표를 하려고 하니까. 너무 난감한 나머지 투표를 안했었던 기억이 납니다. 지금 28살인데, 처음 투표를 할 자격이 생겼을 때 그것이 해야 하는 일이라는 것 자체를 이해하지 못했어요. 무관심하기도 했었고. 이제와 생각해보면 가장 큰 문제점 중 하나가 시민교육이나 정치교육의 부재 때문은 아닌가 하는 생각이 들었어요.

 그래요. 정말 공감이 되는 부분이기도 하고, 바로 우리 어른들이 제일 잘 못한 것 중 하나라고 생각합니다. 사실 입시를 위한 경쟁교육을 하다보면 개인화가 됩니다. 개인화가 되는 과정에서 암기 위주의 교육을 시키다 보면 제일 문제가 되는 것이 다양한 생각을 할 수 없게 된다는 겁니다. 그러다 보니 창의력의 부재라는 문제가 나오는 겁니다. 어떻게 보면 머리가 마비된 것이죠. 그러다 보니 방금 말한 것처럼 민주시민교육이라고 하는 비판교육이나 자기표현을 하게 하는 교육들이 부족하게 되니까 자기 삶의 표현을 할 수 없게 되잖아요. 그러다보니 투표할 때, 투표할 사람이 없다고 생각해서 기권하거나, 또 청년이 되었음에도 불구하고 자기에게 가장 절실한 문제인 청년실업이나 청년의 권익에 대해 이야기를 하지 않게 되어 버린 거죠. 어찌 보면 그건 가장 불행한 것이

고, 입시 위주의 우리 공교육 실패가 가장 나쁜 영향을 미친 하나
의 결과라고 생각합니다.

세계가 감탄한 촛불혁명과 기다림의 교육

대담자 | 강진영, 장재욱

'비판적 사고,
자기표현'과 '교권침해'

 요즘 학생들은 민주시민 교육이나 정치교육을 받고 있나요?

 있다고는 해도 사실 미미합니다. 하지만 전 국민이 다 알고 있는
일명 '촛불혁명'이 있었잖아요. 그 안에서 우리 학생들이 학교 밖
이긴 하지만 민주주의의 장을 배우면서 자각하고, 공부를 했죠.
그 과정에서 어른들도 민주시민교육이야 말로 앞으로의 4차 산업
혁명에 대응할 수 있는 인간형에 이를 수 있는 길이고, 또 우리가
비판하고 창의력들을 만들어 내면서 자기 삶을 가꿔 나가는, 자기

를 시민으로 세우는 직접적인 계기로 보기 때문에 지금 각 지역에서는 민주시민조례 같은 것들을 통해서 시민교육들을 정례화하고 시스템화하려고 노력들을 하고 있습니다만 아직은 초보 단계죠. 사실 학교에서가 가장 중요합니다. 학교에서는 부교재로 민주시민 교과서가 나오긴 하지만 그것만으로는 부족하고 정규교과를 통해, 예를 들어 국어나 체육시간에라도 그 안에 통합으로 이루어지는 민주시민교육, 모둠활동이나 토론수업의 형식을 통해서든 함께 녹아들어가는 민주시민교육이 일상적으로 학교 안에서 이뤄져야 된다고 생각하는 겁니다. 그래야만 학습으로 배운 것을 밖에서 체험하고 경험함으로써 자기 것으로 만들 수 있는 거죠. 이번의 '촛불혁명'을 한번 경험하면서 자신이 배웠던 것을 시민들하고 이야기하고, 연대하고 하다보면, 아, 민주시민은 이런 것이고, 자질은 이런 것이구나, 또 민주시민이 고양해야 될 것은 무엇이고, 절제해야 될 것은 무엇인가 라는 걸 자연스럽게 배우게 되는 겁니다.

 민주시민 교육을 이야기 하시면서 비판적 사고와 자기 표현능력을 말씀하셨는데, 한편으로는 비판적 사고와 자기표현이 늘어나면서 일부 선생님들의 입장에서는 아이들의 통제가 선생님의 범위 안에서 벗어난다. 그래서 교권침해도 우려가 된다 하는 사고도 있으시더라고요. 사실 비판적 사고와 자기표현을 제대로 배우지 못한 상태에서 거칠게 나가는 학생들도 있기도 하거든요. 제가 느끼기에는 비판적 사고와 자기 표현능력을 키워야 한다는 입장과 교권침해를 막아야 하는 두 입장이 서로 양극단처럼 맞서는 것처럼 보이는데, 이걸 좁힐 수 있는 방법은 없을까요?

 그게 바로 실상이죠. 사실 비판 능력이라는 것은 남을 비방하는 것이 아니라 합리적인 반론에 대해서 경청하고 수용할 수 있는 것, 자기가 했던 부분에서 대안이 부족하면 다른 사람의 대안도 수용하면서 다시 재 비판을 만들어내는 것이 훈련이 되어야 되는데, 많이 부족한 건 사실이죠. 수업시간만 하더라도 그런 기회가 없으니까. 창의적인 인간, 민주시민들을 길러내야 되는데 학교에서 그것을 위한 하나의 일환으로 교문 안에 갇혀 있던 인권, 예를 들어 '닫힌 교문'이라든가 학생들의 삶을 키워주자는 측면으로 일부 시도교육청에서 학생 인권조례를 만들었잖아요. 그런데 학생 인권조례라고 해서 모든 규제를 풀고 방종(放縱) 하라는 것은 아니고, 주체적으로 살되 스스로 정해서 지켜야 하는 것. 이 이야기를 하는 것인데 그렇지 못하니까 문제가 되는 것이죠. 예전에 말하는 '질풍노도의 시기'가 이제는 '중2'로 내려왔다고들 하는데 학생들이 선생님과의 대화에서나 정제되지 않은 언행들로 인해서 갈등이 빚는 일이 많습니다. 이런 부분들은 학부모들과 함께 해결해나갔으면 좋겠다는 생각입니다. 또 한편으로는 이런 생각이 들긴 합니다. 제가 고3 학생들을 가르치고 있는데, 경험상으로는 아이들 중에서도 어른스러운 아이들은 보통 어려운 게 아닙니다. 제가 학생들을 경험했을 때는 학교에서 선생님이 학생들을 조금만 기다려준다 이렇게 하면 해법이 나오더라고요.

기다려 주는 것도 방법이다

 기다려준다고요? 뭘 기다려 주는 걸 말씀하시는 건지?

 말 그대로 학생들을 '기다리는 것'입니다. 다소 황당한 대답처럼 들릴 수도 있겠지만 우리가 보통 갈등이 폭발하는 시점이 어디라고 생각합니까? 참지 못하고, 감정을 다스리지 못하고 하는 데서 출발합니다. 당시에는 화가 나더라도 조금만 참고 기다린 후에, 서로의 감정이 가라앉은 후에 학생을 마주하고 얘기를 해보면 대부분 대화로 정리가 됩니다. 요즘 학교 폭력 문제로 많은 고민들이 있지 않습니까. 물론 도를 넘어선 부분에 대해서는 징벌적인

것도 당연히 있어야 하지만, 학교 안에서는 대화로서 서로 틀어진 관계를 제자리로 돌려놓은 '회복적 생활지도', 아이들이 돌아올 수 있도록, 스스로가 치유할 수 있도록 하는 것이 저는 교육적으로 훨씬 더 유효하다고 보고 있습니다. 제 개인적인 생각입니다만 학교 안까지 경찰을 불러들이고 하는 건 어찌 보면 우리 교육계에 종사하고 있는 분들이 확신이 없어서 그러는 게 아닌가 싶기도 하죠. 회복에 대한 믿음, 확신, 교육의 바람직한 방향성, 학교의 역할 등등 교육 현장으로서의 자신감이라고 할까요.

하긴 경찰력을 동원한다는 게 빠르게 해결하기엔 좋을지 몰라도 완전한 해법이 될 수는 없다는 건 저도 많이 공감하는 부분이에요.

그렇죠. 학생들이 겉보기에 나쁜 행동을 했어도, 그 행동에 대한 질책 이전에, 학생 자기 마음속에 응어리져 있는 무엇을 봐야 한다고 생각합니다. 그런 것들이 고려되지 않은 채 결과에 대한 책임만 묻게 된다면, 이게 잘 넘어가면 좋겠지만 그렇지 못하면 나중에 결국 사회에 대한 반항심으로 표출되어서 더 큰 일이 될 수도 있습니다. 그때는 제어를 할 수가 없게 되잖아요. 학부모님들과도 이에 관해 대화를 했었는데 성장기에 있는 학생들에게는 교사나 부모가 던진 한마디가 생각지 못한 상처가 되기도 하는 겁니다. 그러기에 우리 선생님들의 한마디, 역할이 크다는 겁니다. 저는 개인적으로 교사로서 가능하면 학생 탓을 하지 않겠다는 생각을 많이 하고 있습니다. 그걸로 모든 문제를 해결하겠다는 게 아니라 학생을 대하는 교사로서의 제 마음 자세가 그렇다는 겁니다.

물론 그런 부분들이 교사 개인이 해결할 문제가 아닙니다. 그건 결국 누군가의 자기희생을 강요할 수 있는 것이니까요. 그렇기에 제도의 뒷받침 속에서, 또 집단 지성으로서 토론을 통해 계속 확인하고 함께 대안을 만들어야 하는 부분이죠.

노동 교육은 우리 사회의
갈등을 해소하는 미래교육

대담자 | **강진영, 장재욱**

각자도생(各自圖生) 시대의 교육이란?

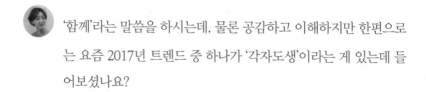

'함께'라는 말씀을 하시는데, 물론 공감하고 이해하지만 한편으로
는 요즘 2017년 트렌드 중 하나가 '각자도생'이라는 게 있는데 들
어보셨나요?

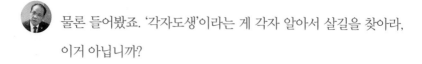

물론 들어봤죠. '각자도생'이라는 게 각자 알아서 살길을 찾아라,
이거 아닙니까?

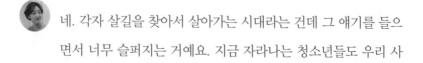

네. 각자 살길을 찾아서 살아가는 시대라는 건데 그 얘기를 들으
면서 너무 슬퍼지는 거예요. 지금 자라나는 청소년들도 우리 사

회 속에서 같이 살아가는 건데 그 친구들이 더불어 살지 않고 말 그대로 '각자'만 살게 되면, 사실 사회에 나가면 더 힘들고 어려워 질 텐데 이런 사회 풍토 속에서 교육이 할 수 있는 역할이 뭐가 있을 까요?

널리 인간을 이롭게 하는 것,
그게 교육이다

 (한숨) 그 말이 2017년 키워드가 된 건 정말 안타깝다는 생각입니다. 학생들이 지금의 현실을 그렇게 인지하고 있다는 건데 결국 그건 우리 어른들의 책임이라고 봅니다.

이런 시대에 교육의 역할이라…. 교육에도 여러 가지 목적이 있겠지만 저는 '홍익인간'. 널리 인간을 이롭게 하는 것이 교육의 본질이자 철학이라고 봅니다. 요즘 말로는 '함께 더불어 사는 것'이죠. 함께 더불어 사는 공동체적인 삶이 바로 교육이 지향하고 있는 하나의 방향이라는 거죠. 그런 의미를 되새겨볼 때 지금의 현실은 총체적으로 '교육의 실패'다 이렇게 봅니다. 공교육이든 사교육이든 총체적인 교육의 실패를 말하는 겁니다. 지금 우리가 못하고 있는 것들을 사실 옛날 대가족 형태로 있을 때 가정에서 기능을 해서 부족한 시스템을 보완해주고 했었는데 말입니다. 지금은 어찌 보면 혈연관계인 가족 간의 유대도 힘든 상황이 되다보니, 사회 속에서 치열한 삶을 살아야 하는 이 시대의 젊은이들이 겪는 현실, 생존 전략이 각자도생이 되어버린 겁니다.

이런 '각자도생'의 사회 속이라도 서로가 연대하면서 풀어가야 하는 일도 사실 많다고 봅니다. 예를 들어 노동조합 같은, 제가 듣기로 우리나라에서 노동조합에 가입된 노동자의 비율이 전체 노동자의 10%밖에 안 된다고 하더라고요. 비정규직은 2%밖에 노동자조합의 보호를 받지 못하고요. 그건 어떻게 보면 우리 사회가 갖고 있는 노동조합에 대한 부정적인 인식 때문일거라는 생각이 들어요. 사실 대부분의 학생이 자라서 각자 노동자의 모습으로 살아가야 하는데 그럼에도 불구하고요. 프랑스의 경우는 중고등학교 때부터 노동법 시간에 자신이 어떻게 하면 근로계약서를 잘 작성할 수 있는지, 혹은 어떻게 하면 자신이 사업주와 임금에 대해 협상을 잘 할 수 있는지, 노동조합에 대해서 아주 세밀하게 가르친다고 하더라고요. 우리 교육이 아직은 그런 정도의 수준까지 이르지는 못하고 있으니 그에 관한 교육이 부족한 게 큰 문제라고 생각됩니다.

각자도생이 아니라
공존공생이 되어야

 제가 가르치고 있는 과목이 '기업경영'입니다. 사실 기업경영이라는 책이 대부분 기업가 중심으로 많이 기록되어 있잖아요. 그래서 기업가와 노동자 두 측면을 반반으로 교과과정을 재편해 가르치고 있습니다. 전 학생들에게 첫 시간부터 노동의 중요성을 가르치려 노력하는 편입니다. 기업에 종사하는 종업원, 노동자가 중심이라고 생각하기 때문이죠.

아시다시피 우리나라는 헌법에는 '근로', '노동'이라는 말도 나오지만 사실 예전부터 '노동'을 천시해서 금기시 하는 경향이 있었잖아요. '근로자, 노동자는 열심히 일만 해라. 너희 목소리를 내고 주장하지 말아라.' '주는 대로 받아라.' 이것이 어찌 보면 박정희시대부터 고도성장의 배경이라 했지만 사실은 슬픈 역사인 겁니다. 노동자가 생산의 주역으로 당당하게 서고, 우리 헌법에 노동삼권이 보장되어 있으니 노동삼권이 보장되고 노동자가 생산의 주역으로 당당하게 서야 하는데 예를 들어 단결권이나, 노동조합의 가입 자체를 불온시 하는 기업들이 있잖아요. 어찌 보면 이러한 것을 바로 잡는 것도 크게 보면 모두 민주 시민의 교육이거든요? 아까 말한 평생 모두가 노동자가 될, 미래의 노동자들에게 노동 교육 부분들은 교육과정에 들어와야 하는 겁니다. 밖에서 그저 훈화

정도로 그칠 것이 아니라 교실 안으로 들어와서 차근차근히 실무 교육도 하고, 노동자로서의 자긍심, 노동자의 권익을 찾도록 교육해야 하죠. 스웨덴만 하더라도 노동조합 가입이 90%에 이른다고 하는데, 물론 일한만큼 세금도 많이 내지만 그에 맞게 국가가 책임지는 부분도 큽니다. 청년실업도 국가가 책임져 주잖아요. 저는 우리가 각자도생이 아니라 공존공생, 상생의 길로 가야 하는 한다고 말하고 싶어요. 예를 들어 먼저 비정규직 같은 분들의 직업별, 계층별 격차부터 줄이는 것을 시작해야죠. 지금 보통 사람들이 밖에서 협동조합을 만들고 있지 않습니까? 협동조합을 만들어서 함께 더불어 살려고 노력을 많이 하고 있죠. 그래서 나는 생산의 주역들이 연대하려면 방금 말한 대로 노동조합을 가입할 수 있도록 국가가 권장하고, 개인도 조합 속에서 공부하면서 생산성도 올리면서 연대해서 사회자본도 만들어 가는 형식이 되어야 한다고 봅니다. 그래서 노동조합이라는 것은 권익을 위해 투쟁만 하는 것이 아니라 그 안에는 상호부조(相互扶助)의 기능도 있지 않습니까? 그런 사회적 기능들도 보완해야 됩니다. 마침 좋은 이야기를 꺼내 줘서 저도 고맙습니다. 늘 이 부분에 대해 많이 고민하면서 노동교육은 사실 앞으로 우리 교육이 갈 길이고, 한국사회의 갈등을 해소하는 중요한 키워드라고 믿고 있습니다.

요즘 하나의 이슈가 되었던 것이 비정규직 교사의 고용안정 보장이었는데요. 이게 또 한편으로는 비정규직 교사들을 정규직화 할 경우에는 채용의 형평성에 문제가 있다는 입장도 있다고 알고 있습니다. 이 두 입장에 대한 이사장님의 생각은 어떠신지 여쭤봐도 될까요?

그건 사실 우리 교육계에서도 갑론을박하는 핫이슈입니다. 자칫 잘못하다가는 욕먹기 십상입니다.

(웃음)

저 개인적으로는 비정규직 없는 세상, 차별 없는 세상이 좋은 세상이라고는 생각합니다만 한마디로 어떻다고 의견을 내기에는 사실 어려운 이야기입니다. 정규직 교사의 경우, 3, 4년 길게는 4, 5년을 힘겹게 임용고시 준비해서 얻은 결과물이고, 또 다른 편은 기간제를 하고 있지만 교사자격증도 있고 오히려 학교 경험도 많기에 자질 부족은 아니다. 이렇게 서로들 자기 중심적인 이야기들을 많이 하고 있습니다. 물론 다 일리는 있습니다만 지금 현재 사회적 합의보다도 교사들 간의 합의도 덜 된 상황이라는 겁니다. 이 부분을 획일적인 잣대나 시대분위기만으로 막 정리하기는 쉽지가 않은 거죠. 이는 사실 시간이나 절차가 걸려야 한다는 것을 전제로 말씀드리자면, 교사의 임용방법이나 채용방법이 법령에 다 나와 있는데, 그 부분들이 선행되지 않은 채로는 서로들 승복이 안 되는 거니까 사전에 선행 작업들이 필요하겠다고 생각합니다.

당장의 어떤 힐책보다는 서로 합의를 맞출 수 있는 자리를 마련하는 것이 더 중요하다는 말씀인가요?

네, 그렇죠. 아주 많은 얘기가 있긴 하지만 지금 짧게 말씀드리자면, 이 역시 다른 일들과 마찬가지로 사회적 합의가 필요한 사안이라는 겁니다. 잘 아시겠지만 양쪽의 의견이 모두 설득력이 있는 이야기이기도 하니까요.

결국 사람에 대한 투자가 경쟁력이다

 그렇긴 하죠. 조금은 관련이 있어 보이는 질문을 드리고 싶은데요. 요즘 청년 실업률이 아주 높잖아요. 그중에서 특히 사범대학 졸업이후, 임용희망자들의 실업문제가 되게 심각하다고 들었거든요. 제 주변을 봐도 그렇구요. 사실 사범대라는 특성상 다른 직종으로 취업을 하는 게 어려운 상황인데 이런 문제에 대해서 어떻게 생각하시는지, 이를 개선할 아이디어가 없을까요?

 그것은 제가 교육부 장관을 했을 때 이야기 할 수 있는 거 같은데.(웃음) 어쨌거나 말씀하신 내용은 결국 높은 경쟁률에 대한 이야기이기도 하겠지요. 사실 거기서부터 문제가 시작되는 겁니다. 그건 달리 보면 학생 수와 교사의 수급문제인데, OECD 기준에 교사 1인당 학생수는 많이 근접하고 있는 것은 사실입니다. 하지만 지역별 편차가 크고 보건교사나 영양교사와 같은 비교과교사도 포함된 수이기에 좀 더 개선하려는 노력이 필요하다고 생각합니다. 그리고 앞으로의 인구 변화를 고려하여 교사 수급에 대한 총체적

교사 1인당 및 학급당 학생수

교사 1인당 학생수는 지속 감소하여 최근에는 OECD 평균에 근접하였다.
학급당 학생수도 지속 감소하여 초등학교 과정은 OECD 평균에 근접(23.6명/21.1명)했으나, 중학교 과정은 약 8.5명 차이가 난다.

구 분		교사 1인당 학생수(명)			학급당 학생수(명)	
		초등학교 과정	중학교 과정	고등학교 과정	초등학교 과정	중학교 과정
2000	한국	32.1	21.5	20.9	36.5	38.5
(2002)	OECD 평균	17.7	15	13.9	21.9	23.6
2005	한국	28	20.8	16	32.6	35.7
(2007)	OECD 평균	16.7	13.7	13	2.5	24.1
2010	한국 ·	21.1	19.7	16.5	27.5	34.7
(2012)	OECD 평균	15.9	13.7	13.8	21.2	23.4
2014	한국	16.9	16.6	14.5	23.6	31.6
(2016)	OECD 평균	15.1	13	13.3	21.1	23.1

※ 출처: OECD(해당년도), Education at a Glance/ 구분 연도는 회계연도, 괄호 안 연도는 자료 발표 연도 - 고등학교의 경우 나라별 학제와 수업운영 형태가 달라 학급당 학생수 제출이 곤란한 나라가 있으므로 OECD 통계에서는 미산출.

인 계획이 세워져야 하고요. 양질의 교사를 양성하면서도 한편으로 교사 인원을 확대 증원해서 앞으로 고교학점제나 학생들의 여러 필요분야의 상담 등을 하도록 해서 공교육 내에서 시스템을 갖출 수 있도록 활용되면 좋겠다고 생각하고 있죠. 저는 교육에 대한 투자가 결국 미래에 대한 투자라고 보거든요. 이것이 요즘 말하는 국가경쟁력의 우선 순위고, 인적 자원의 중심이라고 보기 때문입니다. 우리가 흔히 이야기하는 '인공지능'이라는 것도 결국 사람의 머리에서 나오는 거 아닙니까? 그래서 나는 '사람'에 대한 투자가 가장 경쟁력 있고 효율적인 것이다 라는 생각에서 아이들에게, 학교에 대한, 교육에 대한 투자, 그 교육을 이끌어나가는 주체인 교사들에 대한 투자, 이런 부분이 이루어질 때 우리 한국의 교육의 질적 변화를 이룰 수 있으리라는 생각입니다.

우리 모두의 생명안전과
평화교육

대담자 | 강진영, 장재욱

세월호, 그 이후

 잘 알겠습니다. 저는, 잠시 주제를 바꿔서 세월호의 이야기를 좀 하고 싶은데요. 이사장님이 생각하시기에 세월호 사건 전후로 교육계나 학계에 어떤 변화가 있었다고 생각하시는지 궁금합니다.

 단적으로 말씀드리면, 약간의 변화는 있지만 큰 변화는 없었다. 그리 보고 있습니다. 그저 예전의 모습 속에서 돌아가고 있고, 일부 각성한 교사나 학부모님들 사이에서 서로 기억하려고 하는 모습들은 있었으나 지금 현재의 사회체제나 교육체제는 다 그대로 가고 있습니다. 물론 416의 아픈 상처, 자본의 탐욕, 권력의 무능

부분들을 보면서 총체적으로 안고 있는 문제를 느끼면서 국민들이 그를 발판으로 일어선 것이 바로 '촛불혁명'이죠. 부도덕하고 무능한 정부도 바꿔내는 혁명적 사건의 동인이 되었다고 생각합니다. 그러나 지금의 교육현장, 우리의 삶속에서 보면 416 이후의 사회체제는 아직까지 큰 변화는 없다는 겁니다.

아무리 멀어도 가야합니다

그래서 그 변화를 위해서 저희들이 설립한 것이 416교육연구소입니다. 우리는 이제 이전의 침묵의 교육, '가만히 있으라'는 교육을 떨치고 새로운 교육으로 가야한다는 것입니다. 안전, 생명, 평화, 그리고 행복한 교육. 학생이나 교사나 학부모가 하하하 하고 웃을 수 있는 그런 대안적 교육을 만들어 가는 것이 우리의 역할이라고 생각하기 때문이죠. 정말 많이 바뀌지 않았습니다. 안타까워요! 세월호 유가족들 얼마나 답답하겠어요. 지금 이 자리에서 다 말씀드리긴 어렵겠지만 그런 참담한 일이 일어난 것에 대해 이해가 안 되는 부분이 한둘이 아닙니다. 그래서 나는 교사로서 교육운동가로서 한국 국민이자, 안산 시민으로서 진실규명에 같이 함께 끝까지 노력하는 것이 나의 책무라고 생각하고 있습니다.

 말씀을 들으면서 저는 교육이 단순히 학생들을 가르치는 것을 넘어서 학교가 할 수 있는 역할이 지역사회의 구심점이나 다양한 연령층의 이야기를 담아내는 역할도 할 수 있을 거라는 생각이 드는데요.

예전에 학교는 지역사회에서 매우 중요한 역할을 했습니다. 시골의 경우는 문화, 삶, 역사의 중심지가 바로 학교였죠. 소통의 장이란 말입니다. 학교의 이런 기능들은 매우 중요한 것입니다. 지역사회에 있어서의 학교의 중요성은 돈의 가치와 비교할 수 없습니다. 이건 우리의 역사라고 생각하거든요. 학교가 지역사회에서 도움을 받으며 자연스럽게 마을학교가 되고 민주주의를 배울 수 있는 장소가 됩니다. 이런 식으로 마을 주민이 학교에서 얻을 수 있는 가치도 무한합니다. 학교가 그런 역할을 해야된다고 생각합니다. 그런데 지금 아시다시피 학교들이 경직되어 있다보니, 학교에서 지금 하고 있는 아이들 돌봄 교실이나 방과 후 부분도 법적으로 책임이 없다고 하면서 밖으로 몰아내려고 하고, 거기에 교사들은 찬성하고 일부 학부모들은 싫어하고. 어린아이들을 안전하게 학교에 있게 하다가 나중에 찾아가거나 하면 더 안전하잖아요. 그런데 밖으로 준비 없이 내놓으려 하기 때문에 생기는 문제도 많죠. 학교가 경직되어 있는 것도 있지만 다른 하나는 바로 책임문제. 교장, 관리자들의 책임문제가 있고, 또 담당교사들의 업무 과중 문제도 있고 이런 부분들이 해결되지 않는 한 갈등은 계속되겠죠. 학교가 진짜 소중하다고 느끼면 지자체랑 협력해서 학교도 살고 지역사회도 사는 '윈윈'의 모델을 만들어야 됩니다.

이게 마지막 질문이 될 것 같은데요. 이사장님께서 교육자로서 가지고 있는 교육철학이나 신념, 꿈꾸는 대안적 미래가 있다면 알고 싶습니다.

참교육의 길로

 너무 거창하게 들립니다. 사실 그런 거 별로 없습니다. (웃음) 예전에 제가 교육 운동 할 때는 일제의 잔재교육 속에서, 또 독재정권에 강요, 억압을 받으며 살아왔던 것이 사실입니다. 하지만 교사로서, 또 교육운동가로 활동하면서 생각하는 건 학생들, 우리 아이들을 지키려면 교육의 중립성을 지키고, 올바른 이야기를 가르치려면 우리가 보호를 해야 하는 거예요. 마치 맹수에 대항해 알을 지키는 암탉처럼, 우리 교사들도 아이들을 지키기 위해 사나워져야한다 이겁니다. 교육이 제게는 소중한 알인 셈이었죠. 그런데 알을 낳았으면 뭘 해야 됩니까? 키워야 할 거 아닙니까. 그 역할들을 해야 하는 게 바로 교사입니다. 저는 누가 물으면 가끔 암탉 이야기를 하곤 하는데 결론은 이겁니다. 교육을 지키고 싶다. 그리고 또 연대와 협력 속에서 더불어 사는 것, '참교육'을 통해 학생들 한 명이라도 더 더불어 살게 하는 것. 그것이 내 희망입니다. 참교육은 스스로 설 수 있도록, 학생들이 주체적으로 서면서 열매를 맺도록 하는 것. 그것이 참교육인데 저도 그런 교육을 예전부터 해왔다고는 했지만 아직도 한참 멀었습니다. 그래도 포기하지 않고 계속 노력하겠다 그런 약속만은 꼭 드리겠습니다.

 오늘 이렇게 시간 내주셔서 정말 감사합니다.

 (함께) 수고하셨습니다.

Part **05**

모두 함께
하하하

- 대담자 | **416교육연구소**
  (구희현, 김태철,
  공정배, 김영애)

공감과 소통은 교육의 가장 핵심적인 가치
- 공동체 관계의 회복

대담자 | **김태철, 공정배, 김영애**

김태철
한국디지털미디어고등학교에서
국어를 가르치는 교사. 416교육연구소 소장이다.

공정배
"학습 바이러스에 감염된 자만이 미래교육을
책임질 수 있다"고 주장하는 공정교육의 선도자이다.

김영애
"학습하지 않는 사람은 자기의 순결함을 죽도록 지키지 못한다"며
자신을 채찍질하지만 부드러운 사람이다.

 모두 반갑습니다.

 반갑습니다. 우리가 오늘 나눌 이야기가 무척 많을 것 같은데, 모두들 각오는 하고 오셨습니까? (웃음)

 그럼요.(웃음) 그런데 자주 뵙던 분들인데도 이런 자리가 되니 조금은 색다른 느낌이 들기도 해요. 긴장도 되고.

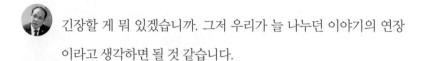 긴장할 게 뭐 있겠습니까. 그저 우리가 늘 나누던 이야기의 연장이라고 생각하면 될 것 같습니다.

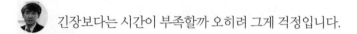 긴장보다는 시간이 부족할까 오히려 그게 걱정입니다.

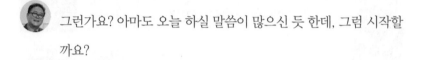 그런가요? 아마도 오늘 하실 말씀이 많으신 듯 한데, 그럼 시작할까요?

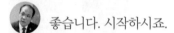 좋습니다. 시작하시죠.

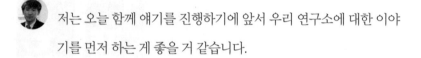 저는 오늘 함께 얘기를 진행하기에 앞서 우리 연구소에 대한 이야기를 먼저 하는 게 좋을 거 같습니다.

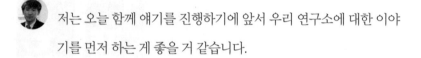 네, 우리 연구소에 대한 소개랄까 그런 게 먼저 필요한 것 같아요. 또 연구소를 만들게 된 배경, 이유도 좋고요.

이제는 모두가 변해야 합니다

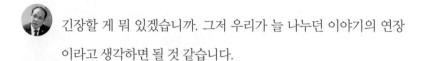 우리는 지난 2014년 4월 16일, 세월호 참사라는 엄청난 사건을 통해 지금까지의 우리 사회가 얼마나 그릇된 방식으로 지탱해 왔던가를 알게 되었다고 생각합니다. 세월호 사건을 통해 물질만능에 사로잡힌 인간의 이기심, 무책임, 무사안일 태도, 전근대적 사

세월호 아이들을 기억하기 위한 기억전시관 천정 전시물

고방식 문제에 대해 말을 시작하자면 끝이 없을 정도입니다. 그리고 무엇보다 우리의 교육 문제점, 실상을 여실히 드러내는 아주 뼈아픈 사건이었다고 봅니다. 요즘 아이들이 버릇이 없네, 인성이 성숙하지 못하네, 폭력적이네 하면서 문제투성이라 생각한 어른들 많았습니다. 아이들에게 어른들이 어떤 교육을 해왔는지도 모르고 말입니다. 그런데 우리 아이들이 어땠습니까? 그 절체절명의 순간 속에서도 아이들이 얼마나 순응적이었나요? 시키는 대로 따랐을 아이들이 희생양이 되었다는 것은 분명 우리 교육이 잘못되어도 한참 잘못되었다는 걸 알려주는 신호 같은 겁니다. 생명보다 소중한 것이 있습니까? 그 많은 희생자들을 내고도 아무런 죄의식을 느끼지 못하는 사람들과 시간이 지날수록 무감각해지는 이웃들을 보면서 이대로는 정말 안 된다. 우리가 정말 제대로 삶을 살 수 있도록 변화가 필요하다는 생각이 들 수밖에 없었습니다. 그간의 방식을 과감히 버리고 정말 함께 행복하게 살아가는 방법을 우리 스스로가 찾아야 합니다. 그러려면 서로를 이해하고 연대하는 연결고리가 반드시 필요합니다. 말이 아니라 행동, 실천으로 보여주는 '연대' 말입니다. 그걸 가능하게 할 것이 교육이라고 믿고 있습니다. 그래서 만든 것이 바로 416 교육연구소죠.

416교육연구소는 교육에서 소중하게 지켜 가야할 것이 무엇인지 끊임없이 질문하는 곳이며, 교육주체 모두가 즐겁고 행복한 삶의 가치 속에서 생명존중의 교육이념을 실천하기 위한 곳입니다. 또한 교육을 고민하는 모두에게 과거-현재-미래가 연결된 공간이고 끊임 없이 변화를 지향하는 열린 공간입니다. 모순 덩어리의 교육에서 새살 돋는 교육으로 가자. 416 참사를 일으켰던 '가만있으라', 침묵의 교육에서 이제는 주장의 교육으로 가자는 겁니다. 거기서 출발해서 후에 학생도 만족해서 웃고, 학부모도 즐거워서 행복해하고, 교사도 자긍심을 가질 수 있는 그런 교육을 만들자가 바로 416교육연구소의 목적이자 존재이유입니다. 그걸 위해 우리가 지금 이렇게 함께 있는 거 아니겠습니까?(웃음)

미래사회를 여는 핵심키워드 - 공정교육

네 맞습니다. 모두가 행복하고 만족하는 교육을 만들자는 우리 416 교육연구소의 중점 실천과제 중 첫 번째가 바로 공정교육입니다. 왜 공정교육인가요?

우리나라 헌법과 교육기본법에는 공정성의 가치를 분명하게 드러내고 있으며, 그 누구도 이를 훼손하지 않고 준수하도록 되어 있습니다. '공정성'이라는 것은 우리 사회를 지탱해주는 가장 기본적이며 중요한 가치이기 때문입니다. 공정함이 기반이 되는 사회야 말로 희망이 있는 사회입니다. 이러한 가치를 무시한다면 우리나라의 미래는 희망이 없다고

봅니다. 교육도 마찬가지입니다. 개인이 차별 받지 않는 공정함이 있을 때 희망이 있는 겁니다. 사람이 태어나서 교육받을 기회를 얻을 뿐만 아니라 교육을 통하여 자신의 목표를 성취하고, 직장을 포함하여 사회적 지위를 얻는 과정에서 성, 계층, 인종이 다르다는 것이 개인의 잠재력을 실현하는데 장애가 되지 않아야 합니다. 그런데 지난 정부의 국정농단 사건과 대학 부정입학 등은 바로 그 공정성의 가치를 훼손했기 때문에 상실감이 매우 컸다고 봅니다. 그래서 모든 국민들이 촛불을 들고 광화문으로 모였던 거죠.

이사장님 말씀을 들으니 공정교육이 희망찬 미래사회를 여는데 매우 중요한 요인이라는 생각이 듭니다.

당연히 공정교육은 희망찬 미래사회를 여는 핵심 키워드라고 봅니다. 그러나 지금은 대학 부정입학과 같은 사건이 계속되면서 국

민들은 아무리 개인의 능력이 뛰어나고 최선을 다해 노력해도 자신의 목표를 성취하기 어렵다고 생각할 것입니다. 그러니 많은 국민들이 사회가 공정하지 못하고, 교육이 공정하지 못하다고 믿고 있는 것이겠죠. 일반 국민뿐만 아니라 학생들도 마찬가지로 공정하지 못한 것에 대한 불만 감정이 큽니다. 그런데 이러한 감정들이 우리 사회를 향한 분노와 질투 그리고 미움과 같은 파괴적 행위로 표출될 수 있다는 것에 주목해야 합니다. 가령 우리는 수능이 객관적이기고 공정한 평가라고 말합니다. 그러나 그곳에는 엄청난 불공정한 모순이 숨어 있잖아요. 이미 수능 점수와 부모의 경제적 부와 상관관계가 높다는 것은 다양한 연구를 통해 밝혀진 것처럼 말이예요. 그뿐 아니라 수능은 속도시험이라고 해도 과언이 아닙니다. 특히 수학은 30문제를 100분에 다 풀어야 하는데 이는 달리기 선수로 말하면 마라톤 선수보다 단거리 선수에게 유리한 것이겠죠. 그러니 공정하다고 할 수 없지요.

그래서 교육의 공정성은 학생들이 선발 과정에서부터 배움 과정에 이르기까지 편파적이지 않고 공평하도록 지역, 사회경제적 배경, 성별, 인종, 문화적 배경의 저해요인을 제거하는 데 최선을 다해야 합니다. 그렇기 때문에 공정교육이야 말로 희망찬 미래 사회를 여는 핵심키워드라고 강조하는 겁니다.

교육의 목적은 결국 모두의 행복

 매우 공감하는 이야기입니다. 조금 포괄적인 얘기로 들리실 수 있겠지만 이사장님께서는 교육의 목적이 무엇이라고 생각하세요? 물론 많은 교육학자들이 교육의 목적에 대해 이야기해 온 걸 모르는 바는 아니지만, 오랜 교직생활을 하셨으니 만큼 그동안 현장경험을 통해 이사장님이 생각하시는 교육의 목적이 어떤 것인지 말씀해주실 수 있을까요?

제가 생각하는 교육의 목적이…. 참 어려운 질문입니다. 하지만 물으시니 대답을 해보지요. 제가 생각하는 학교 교육의 목적은 교사가 정해놓은 삶을 학생에게 주입하는 것이 아니라, 학생 스스로 행복한 삶을 살아가도록 도와주는 것이라고 생각합니다. 행복한 삶이라는 것이 자신만의 행복한 삶을 말하는 것이 아닙니다. 자신의 행복을 바탕으로 다른 사람의 행복한 삶을 위해 도울 수 있는 삶의 태도를 가르치는 것, 그게 교육의 목적이라고 봅니다.

그런데 우리 사회는 그야말로 경쟁중심의 사회라고 할 수 있잖아요. 그 치열한 경쟁 속에서 이사장님께서 말씀하신 목적이 이뤄질 수 있을까요?

지금 말씀을 이해는 하지만 제가 말하고자 하는 교육의 목적은 경쟁 그 위에 놓인 상위의 개념이라고 생각해요. 사람들이 왜 산다고 생각합니까? 당연히 행복해지기 위해 사는 겁니다. 교육이라는 것이 교사가 정해놓은 정답 속으로 들어오게 하는 게 아니라 스스로 행복한 삶을 살아가도록 돕는 것이니 목적이 곧 길, 가야할 방향이 되는 겁니다. 그런데 제가 이렇게 이야기 하면 행복한 삶의 조건을 돈이나 명예 그리고 소비적인 것들과 연결지어 이야기 하는 사람들이 참 많아요. 반드시 판검사가 되고 의사가 되어야 행복한 삶을 사는 것은 아니잖아요. 교육에서는 이러한 조건보다도 더 중요한 가치가 있는 것들이 있다고 생각합니다. 예를 들면, 좋은 친구와 만나 관계를 맺어가기나 의미 있는 노동하기와 같은 자신만의 의미 있는 삶을 살도록 자율적 경험을 하게 하는 것이 학교교육의 목적이라고 보는 거죠.

교육을 통해 학생 스스로 성장할 때 행복한 삶을 살아가는 바탕이 된다는 거죠. 말씀을 정리해보자면 '학생중심 행복교육'이 학교교육의 목적이라는 말씀이네요.

맞습니다. 그런데 '학생중심 행복교육'이라는 것이 듣기 좋은 구호가 아니라 실천이라는 걸 말하고 싶어요. 교실에서 선생님들과 만나 단순한 지식을 전달 받기보다는 스스로 배움을 얻는 기회를 많이 만들어야 합니다. 그래서 배움 중심 수업은 직접 경험을 하고 상상하게 하는 활동 속에서 얻어지는 결과라고 할 수 있겠지요. 그러기 위해서 학교는 학생들에게 활동 기회를 많이 주어야 하고 그런 것에 친숙해 질 수 있도록 해야 합니다. 그렇게 많은 경험을 하게 되면 당연히 실패도 많이 하겠지요. '실패는 성공의 과정'이라는 말을 들은 적이 있습니다. 우리 아이들이 많은 경험을 통해 실패를 해봐야 원하는 삶, 성공에 이르게 된다고 봅니다.
사회가 아니라 학교 안에서 다양한 경험을 할 수 있다는 것은 결국 아이들의 미래의 삶에 당연히 좋은 영향을 미친다고 생각해요.

많은 경험의 중요성과 가치를 깨닫게 되는 것이 후에 학교 울타리 밖에서 사회를 마주할 때 진가를 발휘하게 되지 않겠습니까.

저도 그렇게 생각합니다. 학창 시절의 많은 경험과 실패가 아직 미완성인 아이들을 행복한 삶을 살 수 있도록 도와주는 것일 뿐만 아니라 자신의 진로를 제대로 판단하고 결정할 능력이 생길 테니까요.

제가 읽었던 글 중에 뉴욕타임스의 토머스 프리드먼이 쓴 '구글에 취직하는 방법'(How to Get a Job at Google)이라는 제목의 칼럼에서 구글 채용과정을 총괄하는 라슬로 바크의 말을 소개 했는데요, '성공적인 삶을 살아온 똑똑한 사람들은 실패를 경험한 적이 없다. 그래서 그들은 실패로부터 배우는 방법을 알지 못한다. 배우는 대신, 판단미스를 범한다. 성공을 거두면 자기가 천재이기 때문에 그런 거라고 생각하고, 실패를 거두면 다른 사람이 멍청하기 때문에 혹은 자기에게 충분한 자원이 주어지지 않았기 때문이라고 생각한다'고 말 했습니다.

바크의 말을 살펴보면 실패에서 배워야 할 것이 많은데 실패에서 배워야 할 것들을 제대로 배우지 못함을 지적하고 있는 것 같아요. 그만큼 실패는 성공하기 위한 중요한 밑거름인 것이 분명합니다.

그렇죠. 학교도 사회의 한 부분이기 때문에 학생들에게 가치 있는 활동을 할 수 있도록 기회를 많이 만들어 참여하게 해야 합니다. 그런 경험을 위해 학교는 많은 준비를 해야 하고 학생들은 재미있게 참여하며 자신의 삶을 배워갈 수 있도록 해야 한다고 봅니다. 가령 모둠별 프로젝트 학습을 진행 할 때 학생들 스스로가 기획하고 실행하는 힘을 기르는 것이 중요합니다. 그런데 실제로 프로젝트 학습을 진행하다 보면 기존 시스템 속에서 성적이 우수했던 학생일수록 실패 자체를 두려워하거나 못견뎌하는 경우가 참 많아요. 심지어 다른 아이들과 협력하면서 학습을 수행한다는 것을 잘 받아들이지 못하는 경우도 보셨을 겁니다. 어쩌면 다른 아이들 때문에 자신이 손해를 본다는 생각이 강했기 때문일 수도 있어요. 하지만 이런 모둠별 프로젝트 수업, 토론, 동아리 활동을 하면 아이들은 그 안에서 협력적 관계 형성을 배우게 됩니다. 나중에 사회로 나갔을 때 동료들과 좋은 관계를 형성할 수 있고, 서로 협업할 수 있는 사람으로 성장할 수 있게 됩니다. 학교가 학생들의 성장을 도와주는 역할을 제대로 하기 위해, 그래서 우리의 교육이 변화해야 한다는 겁니다.

동감합니다. 하지만 지금 학부모들은 미래에 더 나은 삶을 위해서는 아이들을 학교가 아닌 학교 밖에서 사교육에 도움이 필요하다고 생각하고 있습니다. 사교육 의존도가 높아진 건 부정할 수 없는 현실이죠.

학부모님들의 심정은 십분 이해가 갑니다. 우리나라가 전쟁을 통해 폐허가 된 상황에서 단기간에 지금과 같은 경제대국이 된 것에는 이유가 있습니다. 바로 우리 부모 세대들이 밤낮 가리지 않고 일하면서도 자식의 교육에는 게을리 하지 않았기 때문이라고 생각합니다. 그만큼 전 세계적으로 우리나라 부모들의 교육열은 대단합니다. 그런데 우리 부모 세대들이 살아왔던 시대는 산업사회였기에 교육을 통한 지식 암기교육이 통했던 겁니다. 그래서 치열한 입시경쟁에서 일등을 해야 일류대학에 들어가고 그래야 성공한다는 신념들이 있었던 것이죠. 그러나 지금은 세상이 달라졌습니다. 당연히 교육방법도 달라져야 합니다. 그런데 우리 부모님들은 자신들의 경험 속에 갇혀 자식들도 예전 방식대로 살아 갈 것으로 믿기 때문에 사교육에 의존하면서까지 지식교육에 몰두하고 있는 것이라고 생각합니다. 이제 우리 교육의 패러다임을 바꾸지 않으면 미래사회가 필요로 하는 새로운 인재양성은 어렵습니다.

공정교육은
희망찬 미래사회를 여는 핵심

대담자 | 김태철, 공정배, 김영애

어른이 바뀌어야
아이가 변한다

 선생님 말씀을 들다보니 아이들의 행복한 삶을 위해서는 반드시
교육의 변화가 필요하다는 생각이 듭니다. 하지만 자식의 미래를
걱정하면서 지금까지 해왔던 교육방식을 고집하고 계시는 부모
님들을 위해 앞으로 우리 교육에 대한 관심은 어떤 것이어야 하는
지 말씀 해 주실 수 있을까요?

 우리나라 교육은 초중고 모두가 대학입시에 초점을 맞추고 있다
고 해도 과언이 아닙니다. 그러니 결국 입시와 관련된 학원이 사

교육시장의 비중의 대부분을 차지하고 있다고 가정하면 이건 교육의 본질적 목적과는 동떨어진 교육을 하고 있다는 겁니다. 이는 국가 차원에서 볼 때 큰 손실일 수 밖에 없고 향후 국가 경쟁력의 약화의 문제로 이어질 것입니다. 그래서 입시의 방향도 교육부와 대학의 끊임없는 노력으로 많이 바뀌고는 있습니다. 정시보다 수시에 더 많은 인원을 선발하고 있잖아요. 거의 80%에 가까운 인원을 뽑는 걸로 알고 있습니다. 이러한 수시 입학에 중요한 역할을 하는 것이 학교 교육과정과 선생님들의 변화된 수업이라고 생각합니다. 학부모님들이 학교의 이런 변화들에 더 관심을 기울여야 우리 아이들이 제대로 된 교육, 미래를 준비할 수 있는 교육을 받게 됩니다.

아시겠지만 이제 미래사회에는 암기 능력이 지금까지 중요하게 여겨왔던 것처럼 경쟁력이 되지 못합니다. 복잡한 계산은 결국 인공지능과 로봇이 대신하지 않겠습니까? 그렇기에 학교 교육에서 전통적 방법으로 지식을 암기시키는 것은 심하게 말하면 아이들에게 죄를 짓는 것과 같다고 봅니다. 이제 정말 말뿐이 아닌 실천을 통한 미래지향적 교육생태계 구축을 위해 교사, 학생, 학부모 서로가 노력해야 한다고 봅니다. 그래야만 우리나라 학생들의 주관적 행복감이 높아질 것입니다. 현재 우리나라 청소년의 행복지수가 세계 최하위 수준임을 다들 알고 계시잖아요. 이건 성적과 시험 위주의 교육으로 인해 우리나라 학생들이 '배려와 협력'보다는 '경쟁'을, '공감과 소통'보다

우리나라 청소년의 행복지수

우리나라 어린이·청소년의 행복지수는 2009년 64.3점에서 2014년 74.0점으로 꾸준히 높아지고 있으나, 세계 최하위 수준(염유식 외, 2014).

는 '무관심'을, '우리'보다는 '나'를 우선했기 때문입니다.

정말 중요한 말씀을 해 주셨어요. 미래지향적 교육생태계 구축을 위해 학생, 학부모, 교사 모두가 노력해야 한다는 말이 마음에 와 닿습니다. 말씀하신 미래지향적 교육생태계 구축이 제대로 된다면 학교에 학생들을 맡긴 학부모들이 만족할 수 있는 교육이 될 수 있겠네요.

당연한 이야기입니다. 교육의 주체들이 능동적으로 움직일 때 우리의 미래교육은 희망이 있는 것입니다. 단순 암기교육에서 벗어나고, 학생은 교사들의 강요에 의해 움직여서는 안 됩니다. 학교의 주체인 교사, 학생, 학부모가 주축이 되어 참여와 자발성에 기반을 둘 때 행복해질 수 있는 것입니다. 이때 구성원 상호관계와 역할 설정도 매우 중요합니다. 학교는 아이들에게 또래간의 수평적 신뢰와 평등한 상호작용의 경험을 하게 해야 합니다. 이것을 위해 필요한 수업방법이 토의·토론 수업이 되겠죠.

토의·토론을 통한 수평적 신뢰와 평등한 상호작용의 경험이라, 조금 풀어서 설명을 해주시면 좋을 거 같은데요.

우리 사회는 사실 토의·토론문화에 그리 익숙하지 않습니다. 그런 교육을 받아오지 못했으니까요. 그러니 내 생각과 다르면 상대방을 비방하고 틀렸다고 말합니다. 그러나 토의·토론수업을 통해 다름을 인정하는 과정을 통해 이치를 깨달아 가게 되면 오히려 친구들과의 신뢰감이 생길 수 있다고 봅니다. 결국 그 안에서 학생들이 상호작용하며 배움에 참여하여 미래 핵심역량을 기를 수 있는 거죠. 같은 말이지만 미래 핵심역량을 갖춘 인재를 학교가 길러내게 되면 자연히 학부모들이 신뢰하고 만족하게 된다는 겁니다.

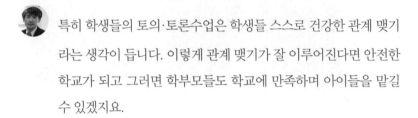

특히 학생들의 토의·토론수업은 학생들 스스로 건강한 관계 맺기라는 생각이 듭니다. 이렇게 관계 맺기가 잘 이루어진다면 안전한 학교가 되고 그러면 학부모들도 학교에 만족하며 아이들을 맡길 수 있겠지요.

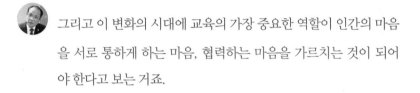

그리고 이 변화의 시대에 교육의 가장 중요한 역할이 인간의 마음을 서로 통하게 하는 마음, 협력하는 마음을 가르치는 것이 되어야 한다고 보는 거죠.

결국 학생, 학부모, 교사 모두가 소통의 학교 문화를 정착시키기 위해서는 교육 주체간의 부단한 노력이 이루어져야 하겠죠.

자연을 통해 배우는 교육

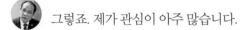

조금 다른 얘기가 될 수도 있겠지만 이사장님께서는 평소에 생명 교육에 관심이 많으신 것으로 알고 있습니다.

그렇죠. 제가 관심이 아주 많습니다.

 특별히 생명교육에 관심을 가지신 이유가 있으신가요?

 자연을 보면 수없이 많은 생명체가 서로 어우러져 살고 있다는 것을 알 수 있습니다. 그런 모습을 통해 우리도 공생하는 삶의 방식을 배울 수 있다고 생각해요. 하지만 사실 사람들과의 관계에는 이러한 다양성이 서로 공생한다는 것은 잘 와 닿지 않는 낯선 개념입니다. 아니 오히려 다문화 문제와 장애인 등 소외 계층을 바라보는 시선은 다양성이 아닌 차별로 이어지는 경우가 대부분입니다. 저는 생명교육을 통해 생태계를 보전하는 것은 물론이고 어려운 이웃을 배려하고 함께 공생하는 삶의 방식을 확산시키는 것이 가능하리라는 희망을 갖고 있는 거죠. 그러려면 먼저 자연과 환경에 대한 감수성을 지닐 수 있도록 노력하는 것이 필요합니다. 자연현상에 대한 과학적인 정보를 제공하고, 자연을 만나는 체험을 통해 생명의 원리를 우리 아이들이 이해해 나간다면 자연스럽게 생명 교육은 가능하다고 생각합니다. 그리고 대안적 삶을 추구할 수 있도록 생명과 공존하는 지속가능한 약속들을 작은 것에서부터 실천할 수 있도록 도와야 하겠죠.

 자연을 통해 배우는 교육이야말로 사람을 살리는 교육이라고 말씀하신 것이 마음에 많이 와 닿습니다.

교육개혁과
혁신학교

대담자 | **김태철, 공정배, 김영애**

우리의 대입제도

 주제를 조금 바꿔서 우리의 입시제도에 대한 이야기를 좀 해보고
자 합니다. 전 세계에서 유래가 없을 정도로 대한민국은 86% 이
상이 대학에 진학하는 유일한 나라죠. 그것은 어쩌면 전근대 봉
건사회의 양반이 되고자 하는 욕망이 급속한 산업사회로 오면서
말 그대로 '대학'이라는 것으로 바뀌었을 뿐 많은 사람들의 교육
을 위한 신분상승의 욕망은 변함이 없다고 생각을 합니다. 그것이
어쩌면 우리나라의 큰 사교육 열풍, 경쟁하는 욕망, 그리고 대학
을 나오지 않으면 먹고 살수 없는 사회체계로 정착이 되었다고 봅
니다. 이사장님께서 생각하시는 이 사람들의 욕망을 바꿀 수 있는

교육은 어떤 교육이라고 생각을 하십니까.

욕망을 완전히 없애버리는 절망 교육을, 그러려면 절망을 심어줘야 되는데 그건 안되겠죠?(웃음) 저는 우선 피해의식을 극복하는 국민교육이 필요하지 않을까 생각합니다. 그리고 대학을 안 나와도 임금차이 없이, 능력에 따라서 대우받고 자기 할 일 할 수 있는 그런 사회를 만들어야 되는 거죠. 현재 우리 초중고에서 마찬가지로 약 20퍼센트에 해당하는 특성화고 같은 부분들이 내실화되어야 합니다. 공기업이나 대기업 자체가 쿼터제로 고등학생을 많이 뽑아주고 임금이나 승진에 차별을 두지 않고, 질 좋은 일자리를 만들어 줌으로써 다 대학으로 가지 않아도 되는 부분으로 완화되면 당연히 대학입시도 완화되겠지요. 그렇게 하려면 바로 '건강한 권력, 건강한 정부, 건강한 국회', 또 '마음, 즉 사람의 얼굴을 한 자본' 들이 필요하다는 겁니다. 꿈같은 이야기로 들리시겠지요. 그렇습니다. 현재는 그렇게 안 되고 있죠. 그렇기 때문에 바로 민주시민교육, 평생교육들을 통해 극복하자고 소리치고 있는 겁니다. 하지만 결국 이건 서로 해야 하는 일입니다. 어느 한쪽의 변화로는 불가능한 일이죠. 너무 어려운 이야기입니다.

최근 모 단체에서 한국의 수능 수학문제를 영국과 미국의 최고 대학에 입학한 학생들에게 풀게 한 적이 있다고 합니다. 그런데 학생들은 대부분의 문제를 제대로 풀지 못했고 또 왜 이런 문제를 계산기나 컴퓨터를 사용하지 않고 풀어야하는지 이해할 수 없다는 반응까지 보였다고 합니다. 안타깝게도 우리나라에는 수포자

(수학포기자)가 많습니다. 앞으로의 시대에 맞는 수학교육은 어떻게 해야 할까요?

수학자이면서 벤처사업가인 콘래드 울프램(Conrad Wolfram)의 수학교육에 관한 글을 읽은 적이 있습니다. 울프램은 수학교육은 첫째, 실생활에서 수학적으로 해결해야 할 문제 찾기, 두 번째, 문제를 해결할 수 있게 수학적으로 공식화하기, 세 번째, 컴퓨터 활용하여 계산하기, 네 번째 계산 결과를 실생활 문제에 적용하여 해결하기라는 네 가지 요소로 구성된다고 합니다. 그런데 우리나라는 계산하기가 곧 수학이며 특히 컴퓨터가 아니라 손으로 풀게 하고 있으며 문제를 틀리지 않게 계산하는 것을 반복 훈련시키기 때문에 학생들이 수학에 대한 흥미가 떨어질 수밖에 없습니다.

더욱이 대학 입시와 맞물리면서 어렵고 복잡한 문제를 더 빠르고 정확하게 문제를 풀어야하는 상황에 학생들이 놓임으로써 수학에 대한 흥미는 더욱 떨어져 초등학교 3학년부터 수포자가 발생한다고 해요.

정말 안타까운 상황입니다. 수학교육을 앞으로 문제 발견과 해결이라는 사이클을 돌며 수학적 사유역량 및 문제해결역량을 키우는 시간으로, 학생들이 즐겁게 공부하고 미래사회에 필요로 하는 수학적 역량을 기를 수 있었으면 하는 바람으로 416교육연구소에서 수학교육전문가들과 함께 진지하고 구체적인 논의를 통해 해결 방안을 찾아야 겠습니다.

실제로 우리나라의 학교 교육은 대입제도에 많은 영향을 받고 있습니다. 그러니 결국 아무리 교육혁신을 외친다 하더라도 대입을 위해 학생들은 밤낮없이 공부를 해야 하고, 학교는 경쟁 위주의 교육, 암기 위주의 교육을 벗어나지 못하고 있습니다.

 그렇죠. 교육부가 지난 2017년 8월 10일에 대입제도 개선을 위해 2021학년도 수학능력시험 개편 시안을 발표했습니다. 하지만 1안과 2안 모두 온 나라가 들썩일 정도로 갑론을박이 이어졌고 결국 교육부는 2021학년도 수능은 현재와 동일하게 유지하고 대신 내년까지 다시 의견 수렴 과정을 통해 대입제도 개선방안을 발표하겠다고 했죠.

 당시에 수시와 정시 모집에 관한 여론의 대립, 수시모집에 해당하는 학생부 위주의 전형방법에 대한 다양한 의견이 있었던 것으로 기억하는데 이사장님께서는 이 일련의 상황을 지켜보시면서 어떤 생각을 하셨어요?

 대입제도의 개선으로 모든 교육의 문제를 해결된다는 건 아닙니다. 하지만 모든 평가가 그렇듯이 교육의 공공성을 기반으로 본질적 목적이 달성될 수 있도록 해야 합니다. 2015개정 교육과정에서 고등학교 보통 교과는 공통 과목과 선택 과목으로 구분하고, 선택 과목은 일반 선택과 진로 선택 과목으로 편성하고 있습니다. 하지만 내신 성적을 상대평가로 산출한다면 학생들의 적성과 진로에 따른 과목 선택권은 의미가 없을 것입니다. 따라서 고교교육을 정상화하고, 대입 준비가 곧 자신의 삶을 설계하고 준비하는 과정이 될 수 있도록 절대평가가 이루어져야 한다고 생각합니다.

하지만 절대평가를 하면 오히려 사교육이 증가할 것이라는 의견도 많습니다. 절대평가로 인해 대학입시에서 변별력이 떨어지게 되고 결국 학생부 기록에 집중하게 되는 결과를 낳는다는 거죠.

물론 학생부 위주의 전형 중 학생부 종합전형은 '깜깜이 전형', 또는 '금수저 전형'이라는 비판의 목소리가 있는 것으로 알고 있습니다. 그러나 이는 좀 더 큰 흐름에서 봐야 한다고 생각해요. 대학입시가 공교육의 정상화를 도모하는 방향으로 가야한다는 겁니다. 많은 분들의 우려를 모르는 바는 아니지만 이는 고등학교와 대학교가 함께 학생부 기록 방식을 표준화하고 투명성과 공정성을 최대한 확보하기 위한 노력을 해 나간다면 해결의 실마리는 충분히 있을 거라고 생각하고 있습니다.

일본의 교육 개혁

최근 이웃 나라인 일본의 교육개혁에 대한 소식들이 많이 들려옵니다. 우리 만큼이나 입시경쟁이 치열한 나라가 바로 일본이지 않습니까. 이사장님께서는 일본의 교육개혁을 어떻게 보고 계시는지 궁금합니다.

우선 이번 일본의 교육 개혁은 총체적이라는 생각이 들었습니다.

 '총체적'이라면 어떤 의미인지 좀 구체적으로 말씀해 주시겠습니까?

 일본의 교육개혁은 기존의 제도를 개선하는 수준이 아닌 전체적인 시스템의 재 디자인을 통한, 근본적 변화를 꾀하는 개혁이었다는 말입니다. 이번 일본의 교육개혁을 살펴보면 그 시작은 대학 입학 제도의 개혁이었지만, 그 범위는 초중고등학교의 교육과정, 평가, 교수법, 교원의 양성과 연수, 그리고 교과편제 등에 이르기까지 교육 전반에 걸친 변화를 이야기 하고 있습니다. 이런 점에서 통합적인 개혁이라고 말할 수 있습니다.

IB(International Baccalaureate) 교육과정

 그렇군요. 아마도 그러한 부분이 우리에게 큰 시사점을 주고 있다는 생각이 듭니다. 그런데 개인적으로 저는 일본의 교육개혁 관련 자료들을 살펴보면서, 'IB 교육과정'에 대한 부분이 좀 흥미로웠습니다.

 아, 맞습니다. 저 역시도 놀라웠던 부분 중에 하나입니다. 혹시 IBO는 들어보셨나요? IBO(International Baccalaureate Organization)

는 교육을 통해서 더 나은 세상을 만드는 것을 미션으로 하는 비영리 단체입니다. 여기서 제공하는 교육과정이 'IB교육과정'이죠. IBO에서 제공되는 다양한 교육과정 프로그램들은 기본적으로 학생들이 다른 사람들과 그들의 차이점을 이해할 수 있는 능동적이고, 공감능력이 있으며 평생 학습하는 사람이 될 수 있도록 격려하지요. 원래 일본은 영어로 운영되는 IB교육과정을 만들어 일본인들의 영어 사용 능력을 높이려고 했답니다. 하지만 IB교육과정을 영어로 운영할 수 있는 교원 수급이 어려워 일본어 IB교육과정을 개발해서 도입했다고 알고 있습니다. 내년까지 200개 학교 정도로 늘릴 계획을 가지고 있다고 합니다. 이미 우리도 이에 관한 도입을 진지하게 검토해 온 것으로 알고 있습니다. 조만간 시도되리라고 보고 있습니다. 혁신학교의 새로운 모델이나 특징적인 교육과정을 운영하는 일반고 모델 등으로 말이죠.

인구절벽 시대의 학교는?

IB교육과정 운영 등 일본이 이렇게 대대적인 교육개혁을 하게 된 배경에는 출산율 감소나 인구 급감이 있습니다. 우리나라도 이미 현실적으로 다가온 문제이기도 하죠. 이런 인구절벽 시대의 학교의 모습은 어떨까요?

실제로 우리나라의 학령인구가 심각하게 감소하고 있는 것이 사실입니다. 전반적인 인구 감소 추세와 함께 학령인구는 더욱 떨어져서, 2017년 통계청 자료에 따르면 2017년 한국의 65세 이상 고령자는 전체 인구의 13.8%를 차지하고 있고 처음으로 0세에서 14세인 유소년 인구를 추월했습니다. 이제 저출산 고령화는 현실이 되었고 이미 우리도 그 영향을 받고 있죠. 일부에선 학생 수의 급감으로 폐교가 되거나, 교사의 경우에는 학급 수의 급감으로 본인의 의사와 상관없이 다른 학교로 이동해야 하는 상황이 발생하고 있으니까요.

학생 수의 감소는 교사의 정원 감소로 이어지고 이는 곧 한 명의 교사가 맡게 될 업무의 양도 늘어남을 의미한다고 생각합니다. 왜냐하면 학생수가 감소되어 교사 수가 줄더라도 일년 동안 이루어지는 학교 교육 활동은 그대로 진행되어야 하기 때문에 교사의 업무량이 증가되겠지요. 그리고 예산의 감소 있기에 학교는 더욱 어려운 상황에 처하게 되겠죠. 현재 교육 시스템을 유지하면서 이러한 상황에 대한 근본적인 대책을 찾는 것은 힘든 것이 사실입니다.

그렇죠. 일본 이야기를 시작한 김에 일본의 예를 좀 들어보겠습니다. 일본 도쿄 인근 치바현 이치가와시에 소재한 제7중학교는 중학교 시설 안에 케어하우스, 데이케어센터, 문화센터, 보육소, 급식실 등을 함께 설계하여 건립, 운영하고 있다고 합니다. 6층으로 구성된 건물의 1층에는 어린이를 위한 보육소가 있고, 노인을 위한 데이케어 센터, 노인들과 학생들이 함께 이용하는 급식실, 지역주민들에게 개방하는 회의실 등이 있으며 별동으로 건립된 지역주민의 문화센터 등으로 이용되고 있고, 이 중 2~4층이 중학교 교실로 이용되고 있다고 합니다. 아마도 이렇게 학교 시설을 복합화한다든가, 학교를 학생들만이 아닌 지역주민들의 배움터로 활용하는 방안 등이 대비책이 될 수 있으리라 생각합니다

혁신학교, 나아갈 길을 생각하다

 혁신학교는 관료적이고 보수적인 학교환경과 파편화된 교직문화를 바꾸고 학생을 중심에 둔 교육을 실현하는 교육의 전환점이 되었다는 것은 누구나 인정할 것입니다. 하지만 여전히 학생의 인권과 교권이 함께 성장하는 학교를 만들기 위해서는 많은 노력이 필요하다고 생각합니다.

 네, 맞습니다. 2009년 여덟 개 학교로 시작한 혁신학교는 '자율운영체제 구축', '민주적 자치공동체', '전문적 학습공동체', '창의지성 교육과정 운영'을 4대 핵심 실천과제로 설정하고 운영되고 있습니다. 그동안 교육주체들의 역량과 내부로부터의 변화를 통해 학교 문화를 바꾸고 학교 교육을 정상화하는데 기여한 성과도 많지만, 말씀하신대로 지속적으로 공동 성장을 위한 개방, 협력, 공유의 학교환경과 교직문화를 만들어 나가는데 어려움에 부딪힌 것 또한 사실입니다.

 혁신학교의 새로운 도약을 위해서는 그동안의 혁신학교 정책에

대한 정확한 평가를 바탕으로 해결책을 모색하는 것이 필요하다고 생각합니다.

 혁신학교 평가는 다양한 관점에서 깊이 있게 고민하고 이루어져야 하는 부분입니다. 저는 그 중에서 학교 조직을 학습조직화하기 위한 전문적 학습공동체 활성화 정책에 대해 조심스럽게 평가하고자 합니다. 전문적 학습공동체는 파편화, 분절화, 개인화된 교직 문화를 개선하기 위해 수업 개방과 공동 연구를 통해 교사 간의 협력적 성장을 위한 정책입니다. 그런데 전문적 학습공동체 역시 기존의 장학의 개념을 탈피하지 못하고 전달 연수, 컨설팅 등으로 운영되면서 그 역할을 제대로 하지 못한 것도 사실입니다. 또한 혁신학교의 지속적인 성장의 걸림돌이 되었던 것 중 또 다른 하나가 바로 공립학교의 순환구조의 인사시스템이라고 생각합니다. 이로 인해 학교 비전을 공유하고 혁신학교를 추진하는데 매년마다 학교역량이 제로 상태에서 재투입됨으로써 더 나은 혁신학교로 이끌어 가는데 한계가 있었다고 생각합니다.

 일각에서는 과연 혁신학교의 수를 늘린다고 교육이 혁신되겠는가. 여기에 대한 의문점들, 문제 제기가 되고 있는 게 사실입니다. 사람이 먼저 일 때 교육현장에서 혁신교육의 담당자들인 학생과 또 교사들, 혁신교육을 주도할 교사의 핵심역량을 과연 준비하였는가. 여기에 대한 문제 제기가 많습니다.

 참 어려운 이야기죠. 일단은 교사의 헌신성과 열정이 없는 상황에서 혁신학교의 씨앗을 뿌리내리거나 발전시켜 열매 맺기는 어렵다고 생각하고 있습니다. 교사의 자존감과 긍지가 기본입니다. 그리고 그것을 가능하게 하려면 교사에게 책임을 부여함과 동시에 지원이 필요한데, 그저 외형만 혁신학교로 간다면 결국은 책임 없는 정책으로 전락하고 만다는 겁니다. 그래서 바로 교사에 대한 지원, 이 부분이 중요하다는 겁니다. 혁신학교의 알파이자 오메가가 저는 바로 교사라고 생각합니다.

교사가 된 것을 후회하는 안타까운 현실

 저도 교사가 중요하다는 것에 대해서는 많이 동감을 하는데요. 그런데 2015년 2월 OECD 국가 중 교사가 된 것을 후회한다는 설문에 우리

> OECD에서 실시한 Teaching And Learning International Survey(교사 및 교직환경 국제비교 연구, TALIS)의 결과로 우리나라의 교사 봉급이 최장경력 교사의 경우 가장 높은 수준이지만, 전반적으로 교사집단은 '무기력감' 또는 '자괴감'을 다른 국가들에 비해서 상대적으로 많이 갖고 있는 것으로 해석되었다.

나라가 1위라는 결과를 본적이 있습니다. 물론 이 결과를 전적으로 동의하는 것은 아니지만 교사들의 업무시간을 비교해도 평균보다 많은 시간을 일을 하고 있고, 우리가 사회적으로는 청소년들이 교사가 되기를 원하지만 정작 교사가 된 사람들은 교사라는 역할 속에서 의외로 자존감을 찾지 못하고 있는 게 사실이거든요.

 교사의 전문성 확보를 위한 지원이라면 일단 수업시수를 줄여서

교사들이 배움과 가르침에 전념할 수 있는 조건을 마련해줘야 한다는 겁니다. 그 부분에 제도와 재원이 필요한거죠.

혁신학교가
총체적인 교육혁신의 길을 열어야

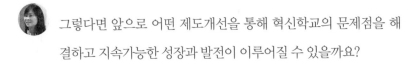 그렇다면 앞으로 어떤 제도개선을 통해 혁신학교의 문제점을 해결하고 지속가능한 성장과 발전이 이루어질 수 있을까요?

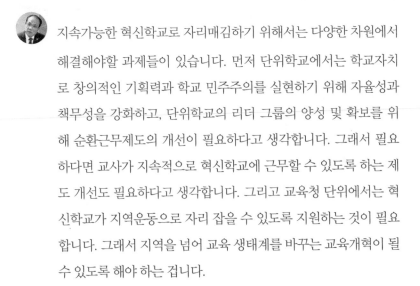 지속가능한 혁신학교로 자리매김하기 위해서는 다양한 차원에서 해결해야할 과제들이 있습니다. 먼저 단위학교에서는 학교자치로 창의적인 기획력과 학교 민주주의를 실현하기 위해 자율성과 책무성을 강화하고, 단위학교의 리더 그룹의 양성 및 확보를 위해 순환근무제도의 개선이 필요하다고 생각합니다. 그래서 필요하다면 교사가 지속적으로 혁신학교에 근무할 수 있도록 하는 제도 개선도 필요하다고 생각합니다. 그리고 교육청 단위에서는 혁신학교가 지역운동으로 자리 잡을 수 있도록 지원하는 것이 필요합니다. 그래서 지역을 넘어 교육 생태계를 바꾸는 교육개혁이 될 수 있도록 해야 하는 겁니다.

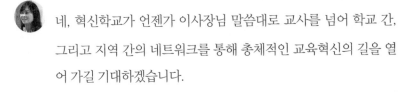 네, 혁신학교가 언젠가 이사장님 말씀대로 교사를 넘어 학교 간, 그리고 지역 간의 네트워크를 통해 총체적인 교육혁신의 길을 열어 가길 기대하겠습니다.

진정한 학생중심 교육을 고민할 때

 우리가 말로는 학생중심, 학생중심 하는데 학생들이 주도적으로 교육과정을 선택하고 만들고, 학생들이 꿈꾸는 교육을 만들 수 있는 교육적 실험이나 교육적 대안이 없어왔습니다. 꿈의 대학, 꿈의 학교라고 해서 학생들 스스로 만드는 교육과정이 펼쳐졌었는데요. 여기에 대한 개인적인 생각은 어떠신지 궁금합니다.

 꿈의 학교, 꿈의 대학 같은 부분은 기본 인프라가 되어 있고 절차나 단계적으로 봤을 때 교육 주체들의 수용능력을 고려했다고 하면 매우 중요한 대안이 된다고 봅니다. 하지만 지금 상황으로 봤을 때는 꿈의 학교나 꿈의 대학이 가진 방향성들이 교육 주체들의 확실한 합의와 준비 없이 시행된 면이 있어서 어찌 보면 단선적인 정책이 될 수도 있겠다 생각합니다. 우려라고나 할까요. 특히 꿈의 학교 경우는 참여하는 학생들, 물론 소수도 중요하지만 다수가 소외되어 있는 상태라고 느끼고 있고, 어찌 보면 그건 보편적 교육의 모습은 아니죠. 결국 국민의 세금으로 하는건데. 또 하나 꿈의 대학 경우는 근본적으로 입시가 생존하는 입장에서 어떻게 보면 초중고의 교사들을 믿지 못하고, 대학에 초중등교육을 맡기는 형국이 되었는데 그건 매우 바람직하지 않은 모습입니다. 제가 알기로는 일 년 예산이 62억 정도인데 이걸 각 학교 수로 계산해보면 천오백에서 이천만 원 정도가 배분될 수 있는 금액입니다. 저는 그 돈이 학생중심의 예산으로 투입됐다면, 또는 교사의 잔무를 줄이는 쪽으로 사용됐다면 학교가 어떻게 되었을까 생각을 해보는 거죠. 현장중심의, 정말 필요한 사업에 쓰여야 한다는 측면을 말하는 겁니다. 그렇지 않고 포퓰리즘이랄까, 그런 측면이 있는 한 한시적인 실험 대상일 뿐 그건 교육의 미래를 위한 발전 경로가 되긴 어렵다고 보는 겁니다. 제가 너무 세게 얘기했나요?

아니, 아닙니다. 공감하는 이야기기도 하니까요.(웃음)

학교 교육의 문제를 학교 밖인 꿈의 학교나 꿈의 대학에서 해결하려 할 때 생기는 여러 가지 문제점을 정확하게 잘 지적해 주신 것 같아요. 학교 교육의 당사자인 학생과 교사에게 묻고 그들이 교육을 바꿔내는데 어떤 것들이 필요한지 묻지 않는 교육의 정책이었다는 지적 또한 아주 공감하고 있어요. 사람들이 미래의 학교를 이야기 할 때 그곳은 가르침의 공간이 아니라 배움의 공간이 되어야 되고, 정답을 찾는 교육이 아니라 새로운 것을 상상하고 질문할 수 있는 능력을 키워야 되는 그런 학교가 되어야 되지 않느냐라는 이야기를 해요. 이것은 어찌 보면 간단한 이야기 일 수 있지만, 실상은 기존 수업의 방법을 바꾸고, 학교 시스템을 바꾸는 것이기 때문에 이것을 해내기 위해서는 많은 노력들이 필요하다고 생각이 됩니다.

끊임없이 연구하고 고민하는 교사

그래요. 그래서 어려운 겁니다. 이미 혁신학교의 알파이자 오메가를 교사라고 이야기한 바 있지만 저도 교사이기 때문에 제일 걱정스러운 것이 새로운 시대에 맞는 교육 변화의 중심도 교사다. 교사 자체가 연구하지 않고 단편적인 지식만을 가지고서는 상상력과 재미있는 교실, 학교를 만들 수 없다. 그래서 저는 교사가 융합교육, 통합교육, 통섭, 인문학부터 시작해서 자연과학에 이르기까지 통섭할 수 있는 능력을 갖는 교사 양성부터가 필요하다고 봅니다. 그래야만 탄탄한 실력을 바탕으로 교육과정의 편성부터 자율적으로 할 수 있게 되는 겁니다. 그렇지 않으면 계속해서 제자리걸음을 하는 교육만 하게 될 테니까요. 여러 번 얘기한 것이지만 평가도, 입시를 위한 평가가 아니라 자기 발전, 자기 계발, 자기만족, 자기소망을 위한 평가로 평가 방식이 바뀌어야 되지 않겠습니까.

아까 말씀하신대로 생존능력을 키우는, 달리 이야기한다면 학생들이 스스로 성장할 수 있는 능력을 키워주는 평가이어야 되지, 한 줄로 세우는 서열화 그러한 평가방식이 되어서는 안된다는 그런 말씀이신 거죠?

정확합니다. 정답입니다.

그리고 또 한 가지 마음에 와 닿은 것이 저 또한 이렇게 교육의 방법을 바꾼다고 했을 때 사실 교사나 기존 학교는 학생 스스로 성장할 수 있는 능력을 기르는 교육을 경험해보지 못했거든요. 과거의 NTTP(New Teacher's Training Program) 연수도 좋았지만 교사의 전문성 신장은 그런 연수 형식이 아니라 미래사회에 맞는 교사의 역할에 대해서 교사 스스로 고민해보고, 교사의 역할을 규정해보고 성찰해보고 하는 것들을 할 수 있도록 지원하는 방법이 필요하지 않을까 하는 생각을 했었거든요. 그런데 이사장님께서도 그렇게 이야기해 주시니 많은 공감이 됩니다.

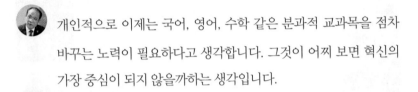

개인적으로 이제는 국어, 영어, 수학 같은 분과적 교과목을 점차 바꾸는 노력이 필요하다고 생각합니다. 그것이 어찌 보면 혁신의 가장 중심이 되지 않을까하는 생각입니다.

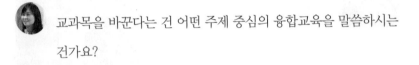

교과목을 바꾼다는 건 어떤 주제 중심의 융합교육을 말씀하시는 건가요?

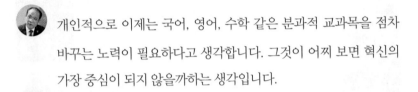

네, 그렇죠. 영어, 국어, 수학, 이렇게 과목 시수, 사회1,2. 가 아니라 예를 든다면 민주시민교육. 민주시민교육이라면 거기 안에 국어를 통해서 문학을 통해서 수학을 통해서, 그 안에서 녹아내면서 통합교육을 시킬 수 있잖아요. 교과목으로 부교재도 나와 있지만 그게 아니라 일반교과서에서 함께 모둠활동을 통해서나 토론을 통해서 한다든지 그렇게 보다 더 정교하게 만들어야 되지 않을까 하는 겁니다.

우리의 상황을 고려한
IB 교육과정에 대해 고민

대담자 | 김태철, 공정배, 김영애

삶에 필요한 교육

 생존능력을 키우기 위해서는 사실 기존의 분과적인 지식을 활용해서는 삶에서 부딪치는 문제를 해결하기는 어려울 것 같아요. 말씀하신 대로 현재 삶에 닿아있는 문제를 학교 교육의 핵심 주제로 가져오고 그것을 협업해서 해결해 보는 그런 소중한 경험들이 학교에서 이루어질 때 아이들이 건강하게 성장할 수 있을 것 같다는 생각이 드네요.

 정말 많은 학부모들이 왜 아이들이 컴퓨터 소프트웨어 자격증을 따는데 왜 학교에서 자격증 따는 교육을 안 하지? 또는 예술이라는 게 삶의 질을 높이는데 굉장히 중요한 도구 중의 하나인데, 왜 예술교육을 학교에서 안 시켜주지? 또는 미래사회에서 정말 전문 분야를 선택하는데 있어서 코딩능력을 강화하는 것들이 아이들의 생존능력을 강화하는 요소라고 한다면 학교에서 왜 코딩학습을 안 시켜주지? 이렇게 문제 제기하는 학부모들을 주변에서 많이 보거든요. 저는 사실 영, 수 교육을 없애자는 의견은 너무 낭만적인 접근 방법이신 것 같구요. 오히려 그 교육과정 자체를 경기도교육청이 허락하는 한 최소이수 단위로 남겨두고 나머지 부분들을 말 그대로 학생들이 스스로 선택할 수 있는 경기교육과정을 개발하여 말 그대로 학생중심, 학생들의 생존교육 이런 것들을 선도해나가는 경기교육에 대해서는 꿈꿔보시지 않았는지 질문 드리고 싶습니다.

늘 꿈을 꾸었지만 오늘부터 좀 더 구체적으로 꾸어보겠습니다.(웃음) 교사니까요.

지식이 아닌 지혜를 가르치는 교육

4차 산업혁명

2016년 1월 다보스 포럼에서 클라우스 슈밥 회장은 고도의 생산성과 효율성을 특징으로 하는 지능정보기술은 유례없는 속도와 영향력으로 인류의 삶 전반에 미치는 거대한 변화를 4차 산업혁명이라고 천명하면서 전 세계적으로 이 키워드를 중심으로 미래에 대비해야 한다는 거대한 움직임이 생기기 시작했다.

지금까지 우리가 교육에 관한 많은 쟁점들을 이야기 했지만 지금 가장 주목하고, 주목받고 있는 것은 사실 4차 산업혁명이 아닌가 하는 생각이 듭니다. 최근 전 세계적으로 이슈인 4차 산업혁명 시대에 학계, 정부에서 이를 대비해야한다고 합니다. 또 한편으로는 너무 호들갑스럽게 반응할 필요 없다고도 하죠. 하지만 어느 쪽이든 변화의 흐름이 빠르게 진행된다는 것 만큼은 동의하고 있다고 할까요? 결국 교육의 영역에서도 많은 구조적 변화가 생기지 않겠습니까? 인간의 사회화에 핵심적인 역할을 하는 것이 결국 교육이니까요.

그렇죠. 교육의 가장 중요한 목적 중 하나가 개인을 사회화된 개인으로 변화시키는 것이기도 하니까요. 과거에는 대체로 친구, 부모님, 선생님들과의 관계 속에서 사회화되었다면 이제는 인공지능이 개인과 상호작용할 수 있는 수준으로까지 진화되었다고 해도 과언이 아닙니다. 교사가 학생에게 반복해서 지식을 가르치는 식의 교육은 필요치 않다는 걸 의미한다고 봅니다. 인공지능은 지속적으로 새로운 정보와 지식을 업데이트하면서 그 누구보다도 빨리 유익한 정보를 제공할 수 있으니까요. 그러니 당연히 그에 맞는 교사의 역할, 역할의 변화가 필요하게 되는 겁니다.

교사들이 단순히 지식과 정보의 전달자 역할만을 한다면 미래의 교사직은 없어질 수도 있다 이 말씀이신가요?

그렇습니다. 빅 데이터를 통해 스스로 학습할 능력이 있는 인공지능이 지식 전달자로서의 기능은 사람인 교사보다 더 잘 할 수도 있으니까요. 결국 인공지능이 지식을 전달하는 시대에, 교사는 컴퓨터가 아닌 인간으로서 학생들에게 지혜를 전수해줄 수 있는 역할을 해야 하는 거죠. 물론 말처럼 쉬운 일이 아니라는 것을 잘 알고 있습니다. 그렇기에 새로운 시대에 맞는 교사의 역량개발을 위한 지원 역시 반드시 뒤따라야 하는 겁니다.

4차 산업혁명 시대에 맞는 교사의 역할 변화라는 게 결국 그 속에서 살아가는 학생들의 역량을 키우기 위한 새로운 교육 시스템이 이뤄져야 한다는 것으로 이해가 되거든요. 4차 산업혁명시대 우리 학생들은 어떤 교육을 필요로 할 거라고 생각하세요?

도전 정신과 유연한 사고를 기르는 교육

모두 동의하시는 내용이겠지만 이제 4차 산업혁명시대에는 기억보다는 상상의 영역이 끝없이 확장될 것입니다. 학생들은 지식을 암기해서 기억하는 것이 아니라 비구조화된(unstructured) 문제, 정의가 잘 되어있지 않은(ill-defined) 문제, 열려있는(open-ended) 문제들을 능동적으로 해결의 실마리를 찾아 도전해보는 활동을 통해 4차 산업혁명시대에 맞는 역량이 길러질 것입니다. OECD에서는 21세기에 필요한 핵심 역량으로 주도적으로 자기 생애를 계획하고, 관리하며 자율적으로 행동하는 능력, 다양한 도구를 활용하여 상호작용하는 능력, 다원화 사회에서 협력하며 문제를 해결할 수 있는 능력을 말하고 있습니다만 저는 가장 중요한 것이 '도전 정신과 유연한 사고'라고 말씀드리고 싶습니다. 그를 위한 교육 시스템이 필요하다는 거죠.

예를 들면 흥미와 적성을 고려한 학생 참여형 수업의 확대, 다양한 체험이 가능하도록 하는 교육과정 등을 말씀하시는 건가요?

 그것도 맞습니다. 그동안 우리 교육이 세계가 주목하는 우수한 성과를 내었지만 한편으로는 지나친 경쟁의식으로 학생들에게 엄청난 학업부담을 준 것도 사실입니다. 이제는 새로운 교육 시스템으로의 변화가 필요합니다. 학생들이 흥미와 적성을 최대한 발휘할 수 있는 교육과정 운영, 누가 더 많은 양의 지식을 갖추고 있는가로 경쟁하지 않고 미래 사회에서 요구하는 핵심역량을 기를 수 있는 수업과 평가, 정보화 기술을 이용하여 개인의 학습 능력을 고려한 맞춤형 교육환경 조성, 그리고 기술이 아닌 인간을 중심에 둔 교육이 되어야 한다는 겁니다. 그게 바로 미래사회를 대비할 수 있도록 하는 교육이라는 겁니다.

고교학점제

 끝으로 현재 교육부에서 추진하고 있는 가장 핫한 이슈에 관해 얘기를 나눠볼까 하는데 혹시 감이 오시는지요?

 짐작이 갑니다. '고교학점제'를 말씀하시려는 거죠?

 네. 맞습니다. 교육부가 올해부터 연구·선도학교 100곳을 운영할 계획이고, 2022년부터는 전면 도입할 예정이라고 합니다. 지금 추진되고 있는 고교학점제에 대해 어떤 생각을 갖고 계신지 궁금합니다.

한 마디로 고교학점제란 그 동안 보장받지 못했던 학생들의 선택권을 온전하게 되돌려 주자는 것입니다. 지금까지 우리 아이들은 정해진 틀 안에서 정해진 것만 배우며 살아왔습니다. 그러다 보니 수동적이고 획일화 된 아이들을 길러내게 되는 거지요. 앞으로 우리가 맞이해야 할 4차 산업혁명 시대에는 이런 인재가 필요할까요? 아닙니다. 민주적으로 소통하고 행동하며, 서로 협력하는 가운데 자신의 주장을 펼칠 줄 아는 인재가 필요하다는 것이죠. 그에 필요한 방안 중 하나가 고교학점제라고 할 수 있습니다. 이제 곧 2015 개정 교육과정이 적용됩니다. 이 교육과정에서 총 이수 단위는 204단위(1단위=50분씩 17주)입니다. 그 중에 180단위가 교과이고, 24단위가 창의적 체험활동입니다. 그리고 교과 180단위 중 필수 이수 단위인 94단위를 제외하고 자율 편성 단위인 86단위가 있는데, 고교학점제에서는 자율 편성 단위인 86단위 안에서 학생들이 자유롭게 과목을 선택하도록 하는 거죠.

학생이 자기 삶의 중심에 서야 한다

이 얘기나 나올 때부터 여러 학부모님께 우려의 목소리를 들었는데 그 중 가장 큰 부분이 과연 우리 아이가 시간표를 잘 짜서 다닐 수 있을까. 혹시 제대로 학점을 이수하지 못해서 졸업을 못하는 건 아닐까 하는 것입니다.

네 압니다. 걱정하시는 게 당연하죠. 그 점을 해결하기 위해서는 학생과 관련된 학사 업무를 전문적으로 담당하고 보완해 주는 교무행정 전담팀을 각 학교마다 설치하여 운영해야 하는 거죠. 그리고 학사정보시스템을 사이트나 어플리케이션 같은 걸 이용해서 학부모와 학생이 언제 어디서든 손쉽게 상황을 파악하게 하는 것도 가능합니다. 제가 알기로는 현재 교육부에서도 이런 여러 우려의 의견을 수용하여 논의 중인 걸로 알고 있습니다. 중요한 건 이런 우려가 불식되면, 우리 아이들에게 돌아갈 혜택은 매우 많다는 겁니다. 자신이 원하는 수업을 듣는 것은 물론이고, 자신의 진로와도 연관성이 높은 수업을 듣기 때문에 수업에 대한 집중도도 당연히 따라오게 됩니다. 또 시간표를 작성하는 과정에서 자신의 진로를 고민해 보고, 선생님과 상담도 해 보고, 친구들과 의견을 나누는 등 다양한 소통의 경험을 통해 학생 스스로 성장하는 자신의 모습을 발견할 수 있을 것입니다. 이건 결국 학생이 자신의 삶의 중심에 올 수 있다는 걸 의미하는 겁니다. 당연히 학교 생활에 대한 만족도도 높아지지 않겠습니까?

이사장님께서도 학교에서 근무하고 계시니 잘 아시겠지만, 고교학점제에 대한 우려의 목소리가 학교 현장에서도 나오고 있습니다. 지금의 여건에서 고교학점제가 강행된다면 학생 생활지도의 어려움, 행정 업무의 증가, 평가 부담의 가중, 교실 공간의 부족 등 해결해야 할 과제가 많아 보입니다.

그렇죠. 너무나 잘 알고 공감하는 이야기입니다. 고교학점제라는 것이 지금까지의 패러다임을 완전하게 바꾸는 것이니까요. 하지만 고교학점제는 교사의 전문성을 온전하게 인정하는 제도입니다. 특히 교과에 대한 전문성을 보장하기 위해서는 여러 가지 제도나 인프라가 보완되어야 할 것입니다. 성장하기 위해서는 성장통을 겪듯이 우리도 변화에 따른 준비를 해야 할 때라고 생각합니다. 우선 학생 생활지도의 어려움을 해결하기 위해서는 학교 조직의 개편이 뒤따라야 겠죠. 현재 진로진학상담 교사가 학생들의 진로나 진학 관련된 일을 맡고 있고, 수석 교사가 수업 컨설팅 관련된 일을 맡고 있듯이, 학생 생활지도를 전문적으로 담당하는 교사의 양성이 필요하다고 생각합니다. 모든 교사는 당연히 학교 안에서 생활지도를 계속 하겠지만, 제가 말씀드리는 건 생활지도 영역의 전문성 있는 교사를 말하는 겁니다. 전문성 있는 교사가 있으면 교과 교사들은 대부분의 시간을 수업에 집중할 수 있게 됩니다. 또 행정업무 말씀을 하셨는데, 앞서 이야기 한 것처럼 교무행정 전담팀을 설치해 교과 외의 행정업무 스트레스에서 벗어나게 해야 합니다. 고교학점제가 교사들의 행정업무의 연장선이 되어서는 안된다는 겁니다.

현재 교사의 NEIS(National Education Information System:교육행정 정보시스템) 접속 시간이 하루에 4~5시간이라는 통계를 본 적이 있습니다. 그야말로 교사의 행정 업무가 지나치게 과하다는 걸 의미합니다. 앞으로 교사는 교재 연구와 교수·학습 방법 개발에 몰두할 수 있는 환경을 만들어야 합니다. 그러다 보면 교사는 자연스럽게 평가에 있어서도 전문가가 되리라 봅니다.

그러면 자연히 사물함 홈베이스, 교과별 교실, 진로 활동실, 자율학습실, 진로·학업 상담실 등의 시설이 많이 필요하겠지요. 그런데 그건 앞으로 감소하는 학생 수를 볼 때 생겨나는 빈공간, 즉 유휴(遊休) 공간인 교실을 활용하면 될 거 같아요. 물론 그 여건이 안되면 새로이 공간을 확보하는 쪽으로 해야겠죠. 결국은 아이들 자신이 선택한 교육 활동이 제대로 이루어지도록 도와주는 것도 결국은 교육이니까요.

서로의 능력을 믿는 풍토 조성해야

 그렇죠. 고교학점제는 학생들의 선택권을 온전하게 보장함과 동시에 교사를 교수·학습, 평가의 전문가로 인정한다는 전제에서 출발한 제도입니다. 교육 공동체 간의 믿음, 신뢰를 의미한다고 봅니다. 그러니까 교사는 학생의 선택을 끝까지 존중해 주고 도와주며, 학생과 학부모는 학교와 교사를 믿어줄 수 있는 풍토를 조성해야 합니다. 당연한 이야기로 들리시겠지만 그게 바로 공교육의 정상화입니다. 물론 추가로 내신의 절대평가, 대입제도의 변화 등이 여전히 중요한 과제로 남아 있습니다. 현재 국가교육회의에서 대입제도에 관한 논의를 하고 있고 곧 교육부에서 100개의 연구·선도 학교를 운영할 예정이라고도 하고요. 이런 과정을 바탕으로 2022년 고교학점제의 전면 도입 전까지 많은 진통을 겪어보고, 충분히 해결할 수 있는 대안을 찾을 것이라고 생각합니다. 저는 그 과정에서 어려운 난관에 부딪쳤을 때, 해답을 구하는 자세가 중요하다고 생각합니다. 우리는 교사입니다. 교육자입니다. '학생을 이롭게 하는 것, 학생이 원하는 것은 무엇인가?'라는 질문을 끊임없이 던지면서 지혜로운 방법을 찾으면 다가오는 미래도 우리의 아이들에겐 희망을 구현하는 날들이 될 수 있다고 믿습니다.

건강한 먹거리도 교육이다

오랫동안 친환경 급식운동을 많이 펼쳐 오신 걸로 알고 있는데 그 운동에 깊이 마음을 두고 활동을 해 오신 이유가 있다면 무엇이 있을까요?

제가 생각하기에 아마 2002년도에 수도권에 엄청난 급식 위생사고나 납품비리가 강타를 했죠. 그래서 안전한 급식 제도 개선을 위한 조례제정을 전국적으로 하게 되었는데, 그때 제가 경기도에서 성인들 17만명의 서명을 받아 청구인 대표로 해서 경기도 최초 주민조례를 만들었죠. 그 일을 시작으로 지금 15년이 되었습니다. 그동안 조례가 제정되고 친환경 학교급식운동본부를 하고 있는데, 친환경이라는 것은 아이들의 건강뿐아니라 도농상생(都農相生)의 측면으로도 매우 중요한 겁니다. 정부에서 고교 의무교육을 한다고 하니 당연이 고교 무상급식도 의무교육에 포함되어야 한다고 계속 주장하고 있죠.

급식은 단순히 식사시간에 한 끼 때우는 것이 아니라 밥상공동체 교육으로 봐야 하는 겁니다. 친환경 무상급식을 통해 자연스럽게 교육으로 이어질 수 있습니다. 예를 들면 친환경 무상급식은 학생들이 그냥 먹는 것이 아니라 내 입으로 들어온 음식물이 어떤 누가 고생을 했고. 어떤 노력에 의해서 하고. 건강에 나쁜 음식은 어떤 것이다. 알았을 때 바로 주체적인 인간으로 서고, 또한 남을 배려하는 마음도 생길 수 있습니다. 전 그것도 교육이라고 생각을 합니다. 그래서 매우 소중하게 생각하는 거죠.

정말 마지막으로 질문을 다시 한 번 드린다면 그동안 30년 가까이 교직생활을 지탱해 왔던 어떤 키워드가 있다면 무엇이 있을까. 또 후배교사들에게 전해주고 싶은 말이 있다면 무엇이 있을까 질문을 드려보고 싶어요.

학생과 동행하는 교사

그런 말씀을 하시니 갑자기 교육운동하면서 학교 내외에서 치열하게 살아왔던 세월들이 주마등 같이 쭉 지나가는 것 같습니다. 제가 교육운동을 하면서 가장 중심으로 둔 것이 뭔 줄 아세요? 황당한 소리로 들리시겠지만 저는 '페스탈로찌의 암탉이야기'를 아주 좋아합니다. 암탉이 소중한 알을 품고 있을 때는 그 알을 지키기 위해 사나워진다는 거였는데 저는 거기에 감명을 받아서, 우리 아이들을 지키고 교육을 지키기 위해서 정치와 불법과 이런 부분들에서 아이들을 지켜내야 되겠다 했었죠. 그야말로 암탉의 심정으로 말입니다. 교사로 있으면서 제 마음 속에서 교육운동의 하나의 밑거름이 된 것이기도 하죠. 물론 요즘 시대가 암탉 혼자서 알을 지키긴 어렵다는 것도 알고 있습니다만.(웃음)

그래서 마당을 나온 암탉인 건가요? (웃음)

416 교육연구소를 말씀하시는 건가본데, 뭐 그렇게 생각하니 그런것도 같습니다. (웃음)

그리고 후배들이라…. 저 역시 많이 부족한 사람이라 해 줄 말이 뭐 있겠습니까. 다만 오래도록 교사로 지내면서 느낀 것을 얘기하자면, 교사란 말입니다. (잠시) 학생이 없는 교사. 학생을 멀리하는 교사. 학생과 같이 대적하려는 교사, 학생을 너무 깔보는 교사는 오래가지 못한다는 것입니다. 그래서 학생들한테는 어쨌든 간에 겸손하게, 화나더라도 가서 먼저 사과할 수 있는 용기 있는 교사가 되어야만 교사로서 더 긍지감도 느끼고 자기 정체성을 찾지 않을까 생각하고 있습니다. 특히 교실붕괴, 학교붕괴, 이 어려운 상황을 헤쳐 나가려면 학생들과 동행한다는 그런 자세가 필요하지 않을까 하는 거죠. 그래야만 교사가 교사로서 살 수 있을거 같아요.

어떤 교육학자는 학생을 얼마만큼 마음에 두느냐에 따라서, 교육은 진보적인가 진보적이 아닌가라고 가늠할 수 있다고 합니다.

 그래요? 누가 그랬습니까?

 김진경 선생님께서 그런 말씀하셨는데요. 정말 학생을 하늘처럼 섬기려는 우리 구희현 이사장님의 앞길에 양양한 햇빛이 비치기를 소망하구요.

 소망보다는 빛을 비춰 주십시오.(웃음)

 (웃음)

 한정된 시간과 공간이라 더 많은 얘기를 나누지 못한 아쉬움도 있지만 앞으로 416 교육연구소에서 차차 하게 되리라 생각하며, 오늘의 이 자리를 정리할까 합니다. 오늘 토론회를 마치겠습니다. 모두 수고하셨습니다.

어렸을 때 학교에서 돌아오면 늘 배가 고팠지만, 집에는 아무도 없어 혼자 밥을 찾아 먹어야했습니다. 간혹은 밥은 없고 감자나 고구마가 있기도 했습니다. 그걸 먹으면서 학교에서 돌아오면 배가 고플 나를 위해 일부러 마련한 것인 줄도 모르고 이게 웬 떡이냐 싶게 먹어치우던 생각이 납니다. 일하고 돌아오면 힘들고 배가 고플 부모님 생각은 꿈에도 못하고, 내 배 고픈 것만 생각했습니다.

학교에서 선생 하는 일도 그랬습니다. 아이들 입장을 잘 생각해서 말하고 가르친다고 했지만, 결국은 선생 입장만 생각한 것 같습니다. 더구나 '내가 좀 더 잘 안다.'란 생각이 늘 꽉 차 있었던 것 같습니다. 선생님이 학생 입장이 되어 생각하고, 학부모 입장되어 생각하고, 학부모가 선생님 입장되어 한번쯤 생각해 보면 교육 문제가 많이 풀릴 것 같은데 말입니다.

학생과 동료교사, 학부모, 청년과 만나고 이야기 하는 동안 내내 가슴 한 쪽에서 나를 성찰하게 하는 글자는 '역지사지(易地思之)' 입니다. 입장을 바꿔서 생각하면 이 세상일들이 더 많이 술술 풀리고, 더 서로 행복한 세상이 되지 않을까요? 그런데 그 역지사지가 참으로 어렵습니다. 내 입장에서 내 생각을 관철하려고 애쓰고, 남을 설득하려고 시간을 많이 소비한 것 같습니다. 사실 내 생각이라 말하지만, 내 생각의 대부분은 다른 사람 책에서 읽고 얻은 것, 강의를 듣고 얻은 것, 남들이 이야기 해준 것들인데 말입니다.

　오래 전부터 책을 쓰고 싶었습니다. 살아온 이야기, 쓰고 싶은 이야기를 쓰면 서너 권쯤 나오고도 남을 것이라 생각했습니다. 그렇게 쓰고 싶었던 책이 학생과 학부모와 동료교사와 청년들과 나눈 이야기책입니다. 이 책은 이분들과 공동저작물입니다. 그런데 난 그게 좋습니다. 내 소유물이 아닌 함께한 작업이 좋습니다. 골방에 앉아서 나 잘났다고 일필휘지로 써내려갈 수도 있지만, 다 욕심이 아닐까?란 생각을 했습니다. 함께 이야기 나눈 책이라 내 책이 아닌 '우리 책'이라 좋습니다. 더욱이 잘 보이려고 꾸미지 않은 글이라 더 좋습니다.

　저는 이제까지 살면서 두 가지 큰 빚이 있습니다. 그중의 첫 번째는 1980년 5월 전남대 학생이었을 때 입니다. 아주 친한 벗이 5.18로 광주 망월동에 잠들어 있습니다. 그 때 친구들과 함께 하지 못했던 기억이 지금까지도 나를 괴롭게 하는 아픈 상처입니다. 그래서 현장에서 더 치열하게 살려고 몸부림쳤는지도 모릅니다. 그렇게 해서라도 빚을 갚고 싶었지만, 발버둥 치면 칠수록 빚만 늘어갔습니다.

　또 다른 큰 빚은 안산에 살면서 마주친 세월호 참사입니다. 내가 뭘 어찌해야 하는지 생각할수록 더 아득해졌습니다. 매일 추모관에 들러 아이들 사진 하나하나를 보면서 이야기를 건네 봐도 , 아이들 기억교실에 들러 하나하나 출석을 불러 봐도 자꾸 꿈만 같았습니다. 다른 분들도 세월호를 타고 가다가 침몰했다면 나는 어땠을까 상상을 한번쯤 해 보기도 했겠지만, 교직평생 고등학생을 가르치면서 산 저는 세월호를 타고 수학여행 가는 악몽을 매일 꿉니다. 제자들이 오버랩 되어 살려달라고 목 놓아 부르는 걸 애타게 바라만 보다 꿈을 깨곤 합니다. 선생님들은 이런 트라우마가 다 있을 것이라 생각됩니다. 왜 저만 그렇겠습니까? 그렇다고 맨날 그렇게 슬픔에 젖어 있을 수 없지 않습니까? 그래서 그런지 지금 가르치고 있는 아이들에게 좀 더 잘해주려고 했는지 모릅니다.

올 2월 말로 명퇴를 합니다. 많이 망설였습니다. 좀 더 아이들 곁에서 있고 싶었습니다. 아이들을 지켜주고 싶었습니다. 그래서 많이 아쉽습니다. 평생 중등 정교사로 살았는데, 명퇴하면서 교감이 되었습니다. 이게 무슨 의미가 있나 싶습니다. 교육부는 이렇게 하는 것이 명퇴교사를 크게 위로라도 하는 듯 하지만 위로는커녕 씁쓸합니다. 전 평생 평교사가 좋습니다. 어쩌다 중등 1급 정교사 자격취득 기회도 놓쳤지만, 부끄럽지 않았는데 오히려 교감이란 걸주니 부끄럽습니다.

이야기책 하나 내놓고 별별 이야기를 다 끄집어낸다고 흉볼까 두렵습니다. 저는 참 복 많은 사람인가 봅니다. 성질 잘 내고, 잘 삐치는 성격인데도 많은 분들이 저를 밉다 하지 않고 함께 살아주었습니다.

창밖이 희뿌여집니다. 새벽인가 봅니다. 나이 먹어 그려려니 했지만, 서너 시에 깨어 잠 못 들고 눈만 감고 있을 때가 많습니다. "나의 밤 기도는 길고/한마디 말만 되풀이 한다." 김남조시인의 '너를 위하여'의 첫 구절입니다. 새삼 이런 문구들이 다가옵니다.

하하하 교육 대담집을 만들며 아이들의 생각을 들을 수 있었고, 선생님들의 어려움을 새삼 깨달을 수 있었습니다. 그리고 학부모님과 청년이 바라는 교육과 교육으로 만들고 싶은 세상을 알게 되었습니다. 30여년 동안 교육 현장에서 지내며 교육 현장의 내면의 이야기를 많이 알고 있다고 생각했는데 그렇지 않았습니다. 앞으로 현장의 이야기를 귀담아 듣는 것을 절대로 게을리해서는 안되겠다는 생각을 하는 계기가 되었습니다.

이제 다음에는 당신과 이야기하고 이야기책을 예쁘게 만들고 싶습니다. 함께 해 주시겠죠?

하하하

4.16교육연구소 이사장 **구희현**

희망구현 **구희현** 대담집

하하하 교육

초판 1쇄 | 2018년 2월 8일

지은이 | 구희현
편 집 | 4.16교육연구소   디자인 | 김진경
펴낸이 | 강완구   펴낸곳 | 써네스트
출판등록 | 2005년 7월 13일 제 2017-000293호
주 소 | 서울시 마포구 망원로 94, 2층 203호
전 화 | 02-332-9384   팩 스 | 0303-0006-9384
이메일 | sunestbooks@yahoo.co.kr
ISBN 979-11-86430-65-1 (03370)   값 15,000원

이 도서의 국립중앙도서관 출판시도서목록(CIP)은 서지정보유통지원시스템 홈페이지(http://seoji.
nl.go.kr)와 국가자료공동목록시스템(http://www.nl.go.kr/kolisnet)에서 이용하실 수 있습니다.
(CIP제어번호 : CIP2018002859)